Salariés, le Lean tisse sa toile et vous entoure...

Philippe Rouzaud

Salariés, le Lean tisse sa toile et vous entoure...

Petit manuel à l'usage de ceux qui
se préoccupent du travail et de la santé

L'Harmattan

© L'Harmattan, 2011
5-7, rue de l'École-Polytechnique ; 75005 Paris

http://www.librairieharmattan.com
diffusion.harmattan@wanadoo.fr
harmattan1@wanadoo.fr

ISBN : 978-2-296-56103-8
EAN : 9782296561038

Remerciements

« A tous les salariés, médecins du travail, infirmiers, préventeurs de la santé, inspecteurs du travail, étudiants, représentants du personnel ou syndicaux, membres de la hiérarchie, employeurs, qui m'ont fait partager leur vécu et leurs points de vue.

A mes collègues.

A Secafi.

A mes relecteurs et soutiens : Caroline, Catherine, Elodie, Gabrielle, Bertrand, Francis, François, Frédéric, Martin, Patrick, Philippe, Rémi et Vincent.

A Nadia Ghedifa, Pierre Ferracci et François Cochet pour leur implication personnelle ».

SOMMAIRE

Préface 9

Introduction 13

Chapitre 1 – Toyota à l'origine du Lean 17
La naissance du Lean : 1987 17
Leçon de vocabulaire : un Lean ou des Lean ? 18
Le Lean : une industrialisation du bon sens ? 20
Apprendre à parler le Lean ? 21

Chapitre 2 - La boîte à outils du Lean : les méthodes, le vocabulaire 23
Le Toyota Production System ou la « maison » Lean : une représentation symbolique 23
La maîtrise des fondamentaux, préalable essentiel du Lean 24
Le Juste à Temps, le mieux compris des Occidentaux 29
Le Jidoka, le plus délicat pour les Occidentaux 33
Parlez-vous Kaizen, 5S, Kanban, cartographie de la chaîne de la valeur ? 40

Chapitre 3 – Principes fondateurs et valeurs sous-jacentes 51
Avant le Lean fut la Ford Modèle T 51
Le déclin de l'empire Fordien 53
La genèse ou les patriarches de la dynastie familiale Toyota 55

Les influences extérieures du Toyotisme 57
Un américain à l'origine de la philosophie managériale de Toyota : William Edwards Deming 59
Aux premiers jours du Lean 63
Toyota ou l'irrésistible ascension 66
Toyota… quelques ombres au tableau 67

Chapitre 4 - Illustration concrète : quelques exemples de mise en place du Lean 73

Exemple 1 : une industrie manufacturière 74
Exemple 2 : une assurance mutualiste 82
Exemple 3 : un hôpital 86
Le point de vue de Secafi sur ces exemples de Lean 94

Chapitre 5 - Le déploiement du Lean : risques et dérives .. 97

Le Lean ou le mode managérial « tendance » 98
Le Lean ou les sirènes des chiffres 100
Le « détournement » de la méthodologie Lean vers des objectifs à court-terme... 103
Une méconnaissance et une « incompréhension » du Lean dans sa dimension stratégique et humaine 105
Toyota en difficulté avec son propre modèle ? 109
Un mode de déploiement inadapté du Lean peut conduire à des risques importants 113

Chapitre 6 – Le Lean peut nuire gravement à la santé des salariés 117

Données chiffrées et résultats d'enquêtes statistiques en Europe 117

Lean et aggravation des risques psychosociaux 125
Lean et Troubles musculo-squelettiques (TMS) 130
Le Lean intrinsèquement porteur de risques pour la santé ? .. 137

Chapitre 7 – Lean et dialogue social : Théories et menaces pour les salariés et leurs représentants 141

Une mise en place du Lean difficile à amender 141
Favoriser un mode de gouvernance des entreprises prenant mieux en compte les facteurs humains 144
Des débats autour du Lean difficiles entre partenaires sociaux 146
Lean et ouverture du dialogue au sein de l'entreprise 148
L'assistance de l'expert pour le CHSCT : un outil légal pour initier le débat sur le Lean 150

Conclusions et perspectives 155

Annexe Liste (non exhaustive) de définitions relatives au Lean 161

Bibliographie (non exhaustive) 169

Notes 171

Préface

La question du stress et des Risques Psychosociaux (RPS) a pris une grande importance en France et un consensus a émergé pour établir un lien avec les principes d'organisation à l'œuvre dans les entreprises. Il faut donc aller voir de près ce qui se joue autour des évolutions de l'organisation. Force est alors de constater que les méthodes que l'on peut rattacher au terme de « Lean » occupent une place centrale. Leur diffusion, accélérée par la crise, s'observe dans quasiment tous les secteurs de l'industrie mais aussi des services.

Creuser cette question est délicat. Les promoteurs du Lean affirment que leur approche requiert la participation des salariés et fait appel à leur intelligence. Ils affirment vouloir améliorer les conditions et l'efficacité du travail. Mais lorsqu'on interroge les salariés confrontés à la mise en place du Lean, c'est un tout autre son de cloche que l'on perçoit : perte d'autonomie, rigidification des organisations, intensification du travail, sur-sollicitations musculaires et cognitives et, in fine, conséquences en termes de stress mais aussi de diffusion des TMS (Troubles musculo-squelettiques).

Pour nous faire comprendre ce paradoxe, Philippe Rouzaud prend le temps d'une investigation historique. Il remonte aux sources du phénomène à la naissance de Toyota au Japon. Ce système social, parce qu'il garantissait l'emploi à vie de ses salariés, leur ouvrait la possibilité de proposer de bonnes idées pour travailler plus efficacement... sans risquer que leurs efforts ne se traduisent par des suppressions de poste ! Et cette vision s'inscrivait dans un temps long, bien loin de l'excitation des résultats trimestriels.

C'est en traversant l'océan Pacifique que ces principes, transformés en « concepts d'organisation » par le génie marketing de consultants américains, sont devenus le « Lean ». Les « outils » ont pris le dessus et les conditions nécessaires pour que les salariés y trouvent leur compte ont été négligées. Ce système a pu alors poursuivre son tour du monde et arriver dans nos entreprises. Inséré dans une culture managériale qui considère que la direction et l'encadrement savent mieux que les opérateurs ce qu'ils doivent faire, il s'est dès lors fréquemment traduit par des effets nocifs sur la santé des travailleurs.

Au fond, et c'est en cela que le Lean rejoint le taylorisme dans ses buts, il s'agit toujours de définir et d'imposer le « one best way », la meilleure façon de faire, et la seule ! Si cette démarche pose déjà de nombreux problèmes dans l'industrie, son extension aux services, conçue à partir d'une approche sommaire et réductrice du travail humain, conduit à des situations de grande tension. La conception même du « travail bien fait », telle que l'envisagent les salariés, se retrouve alors agressée par certains aspects du Lean. Et les promoteurs de ces outils n'hésitent pas à leur donner une portée universelle. Une municipalité n'a-t-elle pas envisagé récemment un « projet Lean » pour son service petite enfance ! Existe-t-il un « one best way » pour calmer un bébé en pleurs ? Et lorsqu'ils dorment tous, s'agit-il d'un « temps mort » à supprimer pour les puéricultrices ? Faut-il minuter le dialogue avec les parents venus chercher leur progéniture ? Plusieurs exemples sont analysés dans cet ouvrage : une usine, une mutuelle, un hôpital, avec une ligne de conduite : approfondir toujours la question des conséquences pour les salariés.

Le collège d'experts mandaté par le gouvernement pour travailler sur les indicateurs du stress, a défini 6 familles de facteurs à l'origine des RPS : les exigences du travail, les exigences émotionnelles, l'autonomie et les marges de manœuvre, les rapports sociaux et relations de travail, les conflits de valeur, l'insécurité socio-économique. A la lecture de ce livre, on mesure mieux en quoi le Lean peut avoir des effets sur chacun de ces facteurs.

Faut-il conclure qu'aucun changement d'organisation ne peut avoir d'effets bénéfiques sur la santé des travailleurs ? Bien sûr que non ! Mais pour cela, chaque projet doit prendre en compte pour ce qu'elle est la « question du travail » : une réalité complexe au sein de laquelle le travailleur utilise son intelligence pour faire face à des aléas, combine et optimise enjeux immédiats et de plus long terme, adapte en permanence ses actions à « l'état du système », progresse par l'assimilation raisonnée de ses expériences, a le droit à l'erreur... Pour progresser dans cette voie, l'étape indispensable consiste à mettre en débat le travail, au cœur même des situations de travail, mais aussi plus globalement dans les entreprises ou les administrations. C'est aussi parce qu'il mobilise son expérience d'expert des CHSCT, par la pratique quotidienne de ces débats sur le travail et ses enjeux, que l'ouvrage de Philippe Rouzaud va permettre aux nombreux acteurs concernés par des projets Lean de trouver des pistes pour préserver leur santé et de bonnes conditions de travail.

François Cochet
Directeur des activités Santé au travail de SECAFI
Président de la Fédération des Intervenants en Risques Psychosociaux (FIRPS)

Introduction

« Lean » : le mot est devenu à la mode au sein des entreprises et s'est décliné sous de multiples formes : Lean management, Lean manufacturing, Lean office, Lean development, Lean engineering, Lean-6 sigma, Lean (tout court)…

Finalement, de quoi s'agit-il ? Du dernier « concept marketing » des cabinets de conseil de direction, d'un remède miracle pour managers désemparés face à la crise ?

Une définition académique du Lean pourrait indiquer qu'il s'agit d'un système de gestion d'entreprise ou d'organisation cherchant à éradiquer toute forme de gaspillage (délais, coûts, stocks, etc.) par des actions continues et progressives, impliquant l'ensemble du personnel. Qu'il peut s'appliquer à la production, à la logistique, aux activités de bureaux ou encore de développement. Oui, mais encore ?

Le Lean - et ses nombreuses formes dérivées - tisse sa toile inexorablement dans le monde du travail et aucune entreprise n'est épargnée : secteur privé et secteur public, entreprises manufacturières ou de services, hôpitaux, fonction publique…

Les projets qui se revendiquent des méthodes et outils Lean sont en croissance exponentielle ces dernières années. Les médias se sont emparés du sujet et une simple recherche sur Internet fait apparaître des pages entières de références.

Pourtant, ces méthodologies ne datent pas d'hier. Elles sont apparentées au Toyota Production System, ce système de production qui a fait la renommée du constructeur automobile japonais - mais aussi déclenché de farouches animosités -. Elles ont été analysées par de grands instituts de recherche américains, des théories ont été échafaudées, des livres ont servi de référence à nombre d'entrepreneurs.

Cependant, l'expérience montre que ces outils, jugés très efficaces pour réduire les gaspillages, peuvent constituer des menaces relativement importantes pour la santé, les conditions de travail et de vie des salariés si certaines précautions ne sont pas prises.

Evitons les approches trop simplificatrices : le Lean ne peut être assimilé, dans un raccourci facile, aux manifestations de la souffrance au travail dramatiques qui ont récemment fait la Une des médias…
Mais ne balayons pas non plus, d'un simple revers de main, les risques et les effets constatés sur les hommes de ces méthodes de management qui, au bout du compte, peuvent faire beaucoup de mal à l'entreprise.

Alors quelle attitude adopter vis-à-vis du Lean ? Un projet Lean mis en place de façon « constructive » peut-il être bon pour une entreprise et ses hommes ?
La question est difficile… Il y a quelques années de cela, j'aurais assurément répondu oui… Mais aujourd'hui, j'en doute, tant ce que j'ai vu de son impact sur les organisations, sur les marges de manœuvre et sur la valeur du travail a pu me faire peur.

Ce que je sais, c'est qu'il est impossible aujourd'hui d'échapper à la déferlante du Lean…
Acteurs (et futurs acteurs) du monde du travail - salariés, membres de la hiérarchie, employeurs, représentants du

personnel ou délégués syndicaux, médecins du travail, infirmiers, préventeurs de la santé, inspecteurs du travail, étudiants, chômeurs…-, nous nous devons d'en comprendre les mécanismes et les risques, les motivations de ses promoteurs, afin d'être présents pour peser efficacement dans les débats et éviter les dérives.

Il ne s'agit pas d'être opposé à la modernisation de l'entreprise, nécessaire et vitale à sa pérennité. Mais de se poser la question de savoir si le Lean est la meilleure réponse à apporter et quelles sont les difficultés qui se posent lors de son déploiement.

Pour comprendre, nous évoquerons donc la naissance du Lean et son lien très fort avec le Toyotisme. Nous aborderons ensuite les méthodes et le vocabulaire spécifiques de la boîte à outils du Lean.
Nous reviendrons sur l'histoire du Lean, son rapport au Fordisme et au Taylorisme, les heures de gloire et les difficultés du Toyotisme.

A l'issue de cette plongée dans l'histoire et les concepts, nous nous pencherons sur quelques exemples de mise en place du Lean dans une industrie manufacturière, dans une industrie de services et dans le secteur hospitalier.

Nous aborderons les risques et dérives qui peuvent être liés au mode de déploiement du Lean ainsi que les menaces intrinsèques que l'organisation Lean peut faire peser sur la santé et les conditions de travail des salariés.

Enfin, nous nous interrogerons sur les marges de manœuvre possibles pour ouvrir le débat autour du Lean entre acteurs de l'entreprise.

Le but de cet ouvrage est d'aider, modestement, le lecteur encore néophyte à se construire une vue d'ensemble sur le Lean et ses problématiques.

Caressons également l'espoir qu'il puisse contribuer à ce que les professionnels impliqués dans la mise en œuvre du Lean - managers, ingénieurs, consultants, ceux qui l'enseignent ou l'apprennent dans les écoles ou en formation continue - puissent le voir en partie sous un autre angle, prenant le temps de la réflexion et intégrant bien les questions humaines ainsi qu'une vraie vision du développement durable des entreprises, des organisations et des hommes et femmes qui y travaillent.

Pour cela, ce livre rassemble les informations permettant de mieux comprendre l'histoire, les outils et les méthodes du Lean, présente les différents points de vue et les études publiées par certains analystes et propose des pistes d'actions vis-à-vis de la dégradation potentielle des conditions de travail, de vie et de santé des salariés.

Philippe ROUZAUD

Chapitre 1 – Toyota à l'origine du Lean

La naissance du Lean : 1987

Le terme de « Lean » a été utilisé pour la première fois en 1987 par des chercheurs américains du MIT (Massachusetts Institute of Technology), notamment James P. Womack[a] et Daniel T. Jones[b], pour qualifier les méthodologies de gestion d'entreprise développées au Japon, dont la réalisation la plus connue est le TOYOTA Production System (T.P.S.).

La création du nouveau terme de « Lean » résultait de la nécessité de désigner les méthodologies - et pas seulement le Système de Production Toyota -, constituant un ensemble incluant aussi bien le design que la production, les achats et la gestion de la relation client.

Comme l'indique James P. Womack dans une lettre[1] : « *Il y a dix-sept ans, dans mon bureau du MIT, j'ai été le témoin d'un moment magique, celui où un nouveau vocable a été créé. Nous nous apprêtions à publier le premier article sur les résultats du Programme International sur le Véhicule à Moteur (International Motor Vehicle Program) et nous avions besoin d'un terme pour décrire le phénomène que nous observions dans notre étude de Toyota.* »

Le choix du mot « Lean » - ou « amaigrissement » en français - illustre l'idée d'une guerre contre les gaspillages.

---

[1] « *En déconstruisant la Tour de Babel* », traduction d'une lettre de Jim Womack du 8 octobre 2004, mise en ligne sur le site http://lean.enst.fr.

Une définition du Lean ? On peut retenir l'idée « simple » d'élimination du gaspillage sous toutes ses formes ou muda[2] en japonais (prononcer « mouda »).

Gaspillage dû à la surproduction, au temps d'attente, au transport dans son sens le plus général (mouvements des biens, des informations, des hommes), aux traitements inutiles, aux stocks superflus, aux déplacements, à la non-qualité, mais aussi à la sur-qualité...

Le Lean regroupe donc un ensemble de concepts et d'outils très précis, dont la mise en œuvre constitue un système de gestion d'entreprise ou d'organisation cherchant à éradiquer toute forme de gaspillage (délais, coûts, stocks inutiles, etc.) par des actions continues et progressives, impliquant l'ensemble du personnel.

Leçon de vocabulaire : un Lean ou des Lean ?

Comment définir le Lean ? Doit-on parler de Lean, de Lean Manufacturing ou de Lean Management ?

A la création du mot Lean, les chercheurs du MIT[3] l'ont employé sans complément de qualification. Le vocable Lean se suffisait à lui-même pour synthétiser les méthodologies constituant un ensemble, incluant aussi bien le design que la production, les achats et la gestion de la relation client.

Ils ont utilisé l'expression « Lean Thinking » (repris comme titre de l'ouvrage publié par James P. Womack et Daniel T. Jones en 1996) pour décrire l'état d'esprit, la façon de penser -

---

[2] *Voir en Annexe la liste (non exhaustive) de définitions relatives au Lean.*
[3] *Massachussets Institute of Technology.*

différemment -, nécessaires à la recherche permanente de valeur ajoutée.

L'expression Lean « Manufacturing » (pour « Fabrication » en français) résulte d'une incompréhension. Comme l'indique le Lean Enterprise Institute[4] sur son site www.lean.org, une erreur commune consiste à penser que le Lean n'est adapté qu'à la fabrication de produits physiques. Selon les créateurs du Lean, ceci est totalement erroné.

Dans le même ordre d'idées, nous constatons l'émergence de nouveaux termes : Lean « office » (pour les activités administratives), Lean « engineering » (pour la recherche) ou encore Lean-6 sigma (pour indiquer un renforcement par les outils « 6 sigma »[c]). Nous pouvons considérer qu'il s'agit également d'interprétations abusives du Lean ou parfois de termes différenciateurs utilisés par certains promoteurs.

L'ensemble « Lean Management » est généralement utilisé pour indiquer qu'il s'agit d'une démarche globale, dont le but est de modifier le mode de gestion de l'entreprise. Dans ce cas, le mot Lean suffirait amplement !

En résumé, le mot Lean a été défini et doit suffire : nous n'utiliserons donc que ce terme dans cet ouvrage. Les qualificatifs fréquemment utilisés pour le compléter résultent d'effets de mode et d'erreurs communes d'interprétation : il semble cependant peu utile de les combattre, l'essentiel étant plutôt d'analyser la réalité du projet qui est nommé.

---

[4] *Lean Enterprise Institute : organisme fondé par James P. Womack ayant pour but la traduction et la diffusion du Lean.*

Le Lean : une industrialisation du bon sens ?

Un salarié m'a dit un jour : « *Le Lean, finalement, ce n'est que du bon sens : bien ranger son atelier, faire le minimum de choses inutiles, ne pas gaspiller* ».

Il n'avait pas tout à fait tort, à la différence près (et majeure !) que **le Lean peut s'apparenter à une « industrialisation » (avec les risques et dérives que cela peut représenter…) de toutes ces bonnes idées et, surtout, du comment les faire appliquer de manière uniforme et maîtrisée au sein de l'entreprise.**

Les entreprises ont cherché et cherchent toujours à minimiser leurs sources de gaspillages, à améliorer leurs processus et leurs flux (de produits, d'informations, de documents), à ranger leurs ateliers et leurs bureaux dans le but de travailler mieux et de réduire leurs coûts.

Dès lors, qu'est-ce que le Lean ? Ne fait-on pas depuis longtemps, comme M. Jourdain, du Lean sans le savoir ?

Ce qui caractérise le Lean par rapport aux efforts « normaux » d'amélioration, c'est :
- Une démarche structurée et coordonnée au niveau de services ou de l'ensemble de l'entreprise, très souvent soutenue par des cabinets conseil spécialisés.
- L'utilisation d'outils et de méthodes spécifiques : tableaux d'indicateurs, mise en ordre des ateliers et des bureaux, chantiers de résolution de problèmes, management visuel…
- Une formation des lignes hiérarchiques et des salariés à la méthodologie retenue par l'entreprise pour son Lean.
- Après analyse des foyers de gains, une démarche de standardisation du travail quasi obligatoire : débriefings,

remplissage des tableaux d'indicateurs, objectifs personnels, rangement, façons de travailler...

Apprendre à parler le Lean ?

S'intéresser au Lean et vouloir le comprendre, c'est entrer dans un monde de concepts très précis et théorisés. Et l'un des fondamentaux de la méthode Toyota est justement la maîtrise, par l'ensemble de son personnel, des méthodes et outils patiemment mis au point et standardisés.

Première idée reçue à rapidement corriger : chez Toyota, la recherche permanente et continue de l'amélioration des process, la résolution des problèmes au plus près du terrain ne sont pas un acte créatif individuel et libre de chaque salarié ! Elles sont le fruit d'une application rigoureuse de techniques, véritable « industrialisation » du progrès.

Vouloir progresser dans le Lean veut dire se familiariser avec **les concepts de base**[5] (que nous décrirons dans le chapitre suivant) : la réduction des gaspillages par la cartographie de la chaîne de la valeur (ou VSM pour Value Stream Mapping), le Juste À Temps (JAT) et l'élimination des sept gaspillages fondamentaux, l'intégration de la qualité dès la conception et la fabrication du produit...

L'apprentissage concernera également les nombreux outils définis par Toyota au fil des décennies, dont certains vocables sont restés en langue japonaise[6]: kaizen (prononcer « kèzèn »),

---

[5] *Voir également en Annexe la liste (non exhaustive) de définitions relatives au Lean.*
[6] *Idem ci-dessus.*

jidoka (on devrait prononcer « djidoka », mais dites « jidoka »), muda (« mouda »), mura (« moura »), muri (« mouri »), kanban (qui devrait se prononcer « kannbann » si on voulait respecter la langue japonaise, mais tout le monde parle de « kanban »)…

Vous n'êtes pas obligés d'utiliser ces concepts et ces termes, mais si le Lean arrive dans votre entreprise, il est préférable de les connaître. En effet, la langue Lean devient alors le nouveau langage universel au sein de l'entreprise…

Il s'agit d'ailleurs de l'une des difficultés rencontrées lors du déploiement du Lean : l'insuffisance des moyens et du temps alloué pour l'assimilation de tant de nouveautés.

Nous décrirons ci-après les concepts principaux et présenterons le vocabulaire de base du Lean.

Chapitre 2 - La boîte à outils du Lean : les méthodes, le vocabulaire

Le Toyota Production System ou la « maison » Lean : une représentation symbolique

Il s'agit d'une représentation symbolique en forme de « maison » (qui ressemble en fait plus à un temple), construite avec les outils principaux qu'utilise le Système de Production Toyota, imaginée par Fujio Cho en 1973.

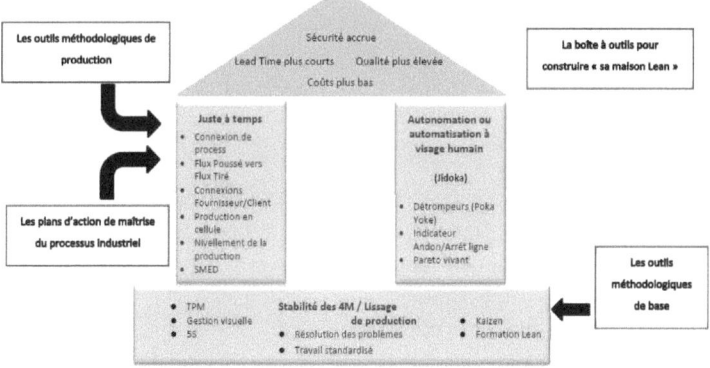

« Maison » Toyota Production System, imaginée par Fujito Cho en 1973. Source adaptation schéma : Secafi

Ce schéma illustre, selon son concepteur, les principes fondamentaux et l'ordre de mise en place à respecter pour construire son Toyota Production System, depuis les fondations jusqu'au toit, en passant par les piliers.

La base horizontale est le socle préalable à toute poursuite des travaux de construction : les outils, le travail standardisé et le Kaizen.

Les 2 piliers fondamentaux (colonnes gauche et droite de la maison) : le Juste À Temps et l'Automatisation à visage humain (le Jidoka).

Le toit symbolise la finalisation de la construction avec un fonctionnement stabilisé, permanent, quasi « naturel » de la démarche.

Nous allons explorer les étapes principales de la construction avant de pouvoir poser le toit.

La maîtrise des fondamentaux, préalable essentiel du Lean

Selon les théoriciens de Toyota, la méthode ne peut fonctionner qu'avec une maîtrise par les salariés des concepts et outils de base.

Ceci ne peut se faire que dans une stabilité préalable de l'environnement, appelé les **4M** : la Main d'œuvre, les Matières, les Machines, les Méthodes. Dans l'esprit japonais, il est impossible de travailler à une amélioration dans un contexte mouvant.

La notion de **travail standardisé** inscrite dans ce socle fait appel à un apprentissage et à une maîtrise du **« comment faire bien », dans un processus itératif qui doit conduire à une amélioration permanente.** Il s'oppose donc en théorie au **« quoi faire » du taylorisme et du fordisme,** qui est proposé par les services des Méthodes et qui décrit précisément des tâches à effectuer, sans écart possible dans la réalisation.

Cependant, dans la pratique de ce que l'on observe avec le Lean, il semble que les choses aillent fréquemment tout autrement et que le processus d'amélioration permanente ne se mette pas en place. Dès lors, on retrouve les travers qui prévalent dans le taylorisme et le fordisme : **le travail standardisé du Lean, contrairement à ce qu'il devrait poursuivre en théorie, finit lui aussi par segmenter, dénaturer, standardiser, figer le travail.**

Dans le Toyota Production System, le programme de transmission des connaissances aux salariés est centré sur le **rôle des superviseurs**[7] qui doivent faire vivre :
- La formation des opérateurs aux standards de travail établis à un instant donné (séquences d'opérations à réaliser dans l'ordre pour effectuer une tâche), standards qui devront évoluer de façon permanente.
- L'amélioration continue ou Kaizen (petites améliorations faites au quotidien).
- Le traitement des difficultés individuelles des opérateurs (besoins de formation complémentaire, difficultés à suivre un standard de travail ou les cadences...).

---

[7] *L'organisation standard de Toyota :* un team leader *pour cinq à sept opérateurs, un* superviseur *pour cinq* team leaders*. Les* team leaders *ne définissent pas les standards ; ils en sont les garants, comme le capitaine de l'équipe de football est celui de la bonne application de la stratégie définie avec le* coach*. La définition des standards et la formation des opérateurs aux standards sont la responsabilité essentielle du* superviseur*. Ce qui ne veut pas dire que les* superviseurs *définissent arbitrairement les standards ou font appliquer les gammes produites par les méthodes, mais qu'ils se mettent d'accord avec les opérateurs sur la meilleure façon de produire dans des conditions données. C'est là un travail patient de standardisation, non par la procédure écrite, mais en convainquant les gens que travailler toujours de la même façon produit de meilleurs résultats. Editorial - Stabiliser, Impliquer, Agir, 1er Avril 2007. Site www.lean.enst.fr.*

La construction d'un socle solide, phase essentielle du dispositif, conduit à plusieurs impératifs :
- avoir **une compréhension extrêmement détaillée du travail de la part des superviseurs et de la hiérarchie**,
- donner **une place centrale à un développement des ressources humaines orienté vers les opérateurs**, qui, selon les théoriciens du Lean, seraient *les seules personnes qui ajoutent réellement de la valeur.*

La maîtrise des outils d'analyse par les superviseurs est fondamentale : ils doivent pouvoir analyser le travail routinier et les fréquentiels (tâches et séquences répétitives) qui l'accompagnent, puis diviser le travail en éléments constitutifs de manière à pouvoir l'enseigner. Ils doivent savoir également repérer les points clés pour la qualité de manière à les expliquer aux opérateurs.

Les outils sont nombreux et il peut s'agir par exemple :
- Du 5S : « Cinq S » est l'abréviation de cinq termes japonais commençant par un S utilisés pour créer un bon environnement de travail, rangé, ordonné et maintenu comme tel. Le 5S est considéré comme une excellente entrée en matière pour l'organisation du poste de travail qui débouche, d'une part, sur les « standards de travail » et, de l'autre, sur les équipes autonomes.
- Du SMED : acronyme de Single Minute Exchange of Die, la méthode mise au point par Shigeo Shingo avec Toyota pour réduire les temps de changements d'outil.
- Du 5 POURQUOI : la méthode de base de résolution de problèmes du Lean. Taiichi Ohno insiste souvent sur la nécessité de se poser cinq fois la question « pourquoi ? » pour aller au-delà des causes symptomatiques et trouver les causes fondamentales (sur lesquelles on pourra alors agir pour éliminer le problème une fois pour toutes).

Voici une illustration du fonctionnement du 5 POURQUOI :

Je ne pourrai pas partir en vacances en août dans la destination initialement prévue (le problème) :

1. *Pourquoi ?* – Le budget nécessaire serait bien supérieur à celui initialement envisagé.
2. *Pourquoi ?* – Je n'ai pas trouvé les prix de location que j'envisageais.
3. *Pourquoi ?* – J'ai fait mes recherches de logement trop tard.
4. *Pourquoi ?* – Je ne savais pas que la demande de logement serait exceptionnellement élevée sur cette période (il s'agit du millième anniversaire de la naissance du Saint-Patron de la ville).
5. *Pourquoi ?* – Je n'ai pas écouté mes amis qui me conseillaient de prendre mes renseignements très tôt (la cause première).

- Des diagrammes d'Ishikawa ou en Arêtes de poisson : schéma symbolique permettant de visualiser l'ensemble des causes possibles d'un défaut dans 5 catégories (les 5M : Matière, Matériel, Main d'œuvre, Méthode, Milieu).

Voici une illustration du fonctionnement des diagrammes d'Ishikawa[8] :

Je gère un bistrot et j'ai de nombreuses réclamations de mes clients : la bière que je vends n'est pas bonne. Je cherche les causes, puis je les classe par nature à l'aide d'un diagramme d'Ishikawa :

Après un travail avec mes équipes, les causes sont recherchées dans les 5M et sont représentées sur un schéma :

---

[8] *Source illustration de fonctionnement des diagrammes d'Ishikawa : www.previnfo.net.*

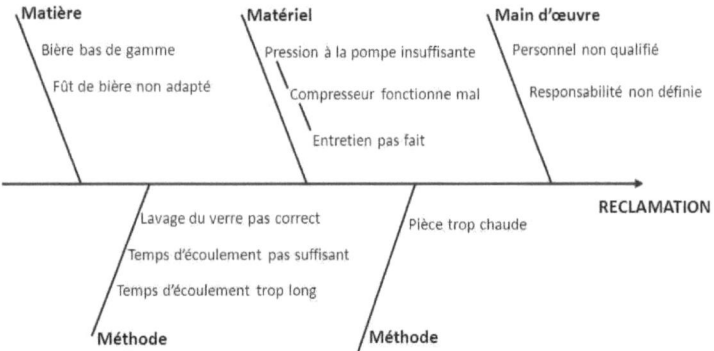

Exemple de diagramme en arête de poisson. Source : www.previnfo.net

Cette question de la nécessité d'une compréhension fine du terrain amène un commentaire sur certains modes de déploiement du Lean que nous avons pu observer.

De plus en plus de projets sont mis en place par des équipes majoritairement non spécialistes de l'activité de l'entreprise ou du secteur concerné : il s'agit soit des consultants des cabinets conseil, soit de personnels issus de services autres que celui concerné par le Lean.

Nous avons pu comprendre qu'il s'agissait manifestement d'un choix volontaire, dont l'objectif était d'écarter certaines personnes perçues comme des « freins » potentiels au déploiement du projet (par exemple, issues de la maîtrise de proximité). Et ainsi chercher à éviter la fameuse « résistance au changement »…

Avec un tel mode de mise en place du Lean, il paraît difficile d'obtenir l'adhésion des salariés et les gains escomptés deviennent plus que difficiles à atteindre… Sans oublier les risques de dégradation des conditions de réalisation du travail si l'activité que l'on cherche à modifier est insuffisamment comprise et maîtrisée.

Le Juste à Temps, le mieux compris des Occidentaux

Le **Juste À Temps** (ou JAT) a été développé par Taiichi Ohno, ingénieur et théoricien de Toyota.

En modifiant l'organisation des flux, les théoriciens du Lean ont identifié que le Juste À Temps permettait de travailler à l'élimination des sept gaspillages fondamentaux (ou Muda) qui sont :
1. Productions excessives : produire trop, ou trop tôt.
2. Attentes : attendre des pièces, des informations ou une machine qui finit son cycle.
3. Transports et manutentions inutiles : tout transport est essentiellement un gaspillage et doit être minimisé.
4. Opérations inutiles : toute action à valeur ajoutée qui ne se fait pas simplement ou du premier coup.
5. Stocks : plus de matière et composants que le minimum qu'il faut pour réaliser le travail.
6. Mouvements inutiles : tout mouvement qui ne contribue pas directement à l'ajout de valeur.
7. Corrections : toute réparation dans un processus est un gaspillage.

Le Juste À Temps est une gestion en flux tendu et une production « tirée » par la demande du client, alors que les systèmes de production classiques produisent jusqu'à trouver preneur, quitte à stocker les produits finis.

Nous pouvons voir dans le schéma ci-après que les flux « poussés » partent d'une production pilotée par une prévision de commande ou de stock et conduisent à des stocks de produits qui seront en attente du marché.

Flux poussé

Schéma Flux poussé. Source : Secafi

Dans des flux « tirés », la mise en production est pilotée par l'aval, donc le marché et la demande du client. On ne fabrique et ne lance tous les processus administratifs, les achats de matières premières, qu'à partir d'une commande ferme.

Le flux tiré peut être organisé de manière plutôt simple (séries uniques) ou de manière plus complexe (avec produits alternés), permettant ainsi de livrer plus rapidement (notion de flux unitaire).

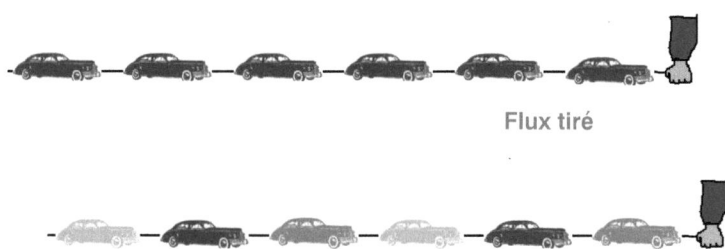

Flux tiré

Flux tiré avec produits alternés

Schéma Flux tirés. Source : Secafi

La mise en place de flux en Juste À Temps s'appuie sur des chantiers préalables :
- En premier lieu, une **cartographie de la chaîne de valeur ajoutée (ou Value Stream Mapping - VSM)** : il s'agit de faire la « photographie » de l'ensemble des flux de matières et d'informations, pour déterminer les gaspillages et les potentiels d'amélioration, et de les représenter sur un schéma (toujours établir un management visuel).

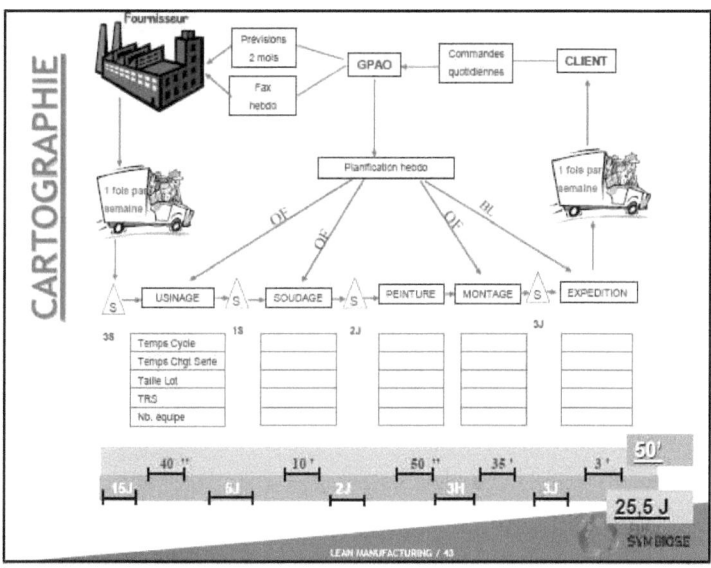

Exemple schématique de cartographie de la chaîne de la valeur ajoutée. Source : Christian Walser, cabinet Euro-Symbiose

- Une **diminution des tailles de série** pour réduire les stocks et, donc, une augmentation du nombre de commandes et un fractionnement des séquences.
- La mise en place de **Kanban** : dispositifs de signalement (cartes, plaquettes, balles de couleur) qui donnent l'autorisation et les instructions pour procéder à la

fabrication ou au transport d'un article (avec parfois des systèmes de codes à barres).
- Le développement d'**Unités Autonomes ou îlots de travail**.
- La gestion et la mise en place d'**outils de stockage de matières premières, produits finis et intermédiaires** : outils informatiques, stocks « à plat » et trains logistiques, nouveaux modèles de relations avec les fournisseurs.

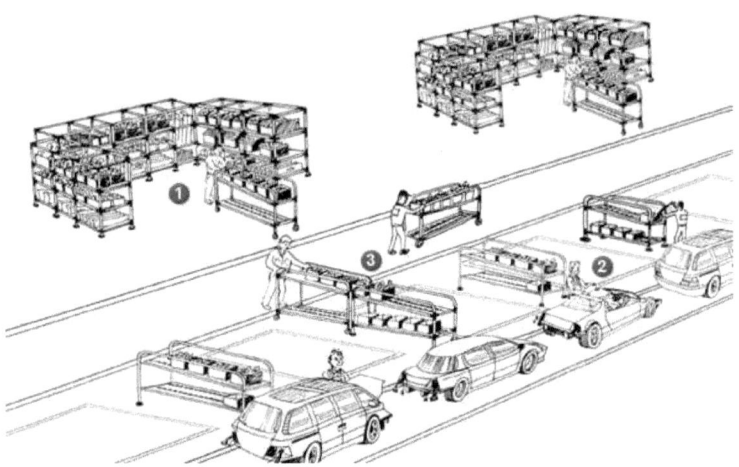

Schéma de principe d'un atelier de construction d'automobile organisé en Lean : depuis les « supermarchés[9] » Lean (**1**), l'opérateur (**2**) est alimenté en kits de montage. Un préparateur localisé dans les supermarchés prépare un « kit pièce » par modèle, qui va ensuite être livré en ligne par un train logistique constitué de supports mobiles (**3**). Source schéma : site www.vision-lean.fr

---

[9] *Supermarché Lean : il s'agit d'une zone de stockage de pièces à partir de laquelle on réapprovisionne les opérateurs.*

Notre expérience montre que le pilier du Juste À Temps est **l'aspect du Lean le plus réutilisé par les entreprises françaises**, pour plusieurs raisons.

Tout d'abord, il s'agit d'un thème de travail particulièrement concret et, donc, moins éloigné de notre mentalité.

Ensuite, cet élément du Lean est celui qui permet de travailler rapidement sur les gains de productivité dans des délais très courts.

Ce constat amène un autre commentaire sur certains exemples de déploiement du Lean.

Dans les faits, de très nombreux projets Lean se résument à un travail sur les flux et les stocks : une cartographie de la chaîne de valeur ajoutée (Value Stream Mapping) est réalisée, les ateliers sont réorganisés, les tâches de moindre valeur ajoutée supprimées... et point final !
Toutes les autres dimensions du Lean - formation, accompagnement, progression pas à pas... - restent sous-dimensionnées, voire inexistantes.

Ne nous étonnons pas dans ces conditions que les organisations Lean puissent être particulièrement mal perçues par les salariés.

Le Jidoka, le plus délicat pour les Occidentaux

Le **Jidoka** est, avec le Juste À Temps, l'un des deux piliers du TPS (Toyota Production System). Il est souvent difficile à expliciter car, tout comme le Juste À Temps, ce concept regroupe plusieurs éléments et a pu évoluer au fil des années même chez Toyota.

Le Jidoka a eu du mal à être traduit : les vocables **d'automatisation à visage humain**, d'**autonomation** ou encore d'**automatisation, avec une touche d'intelligence humaine**, sont également usités.

La première idée fondamentale de l'Automatisation à visage humain est de « **construire la qualité dans le produit en détectant les anomalies dans le processus** ». Le principe en est simple : il s'agit de ne jamais produire de pièces mauvaises et, en l'occurrence, d'arrêter la production plutôt que de fabriquer des produits non-conformes.

La compréhension et, donc, l'utilisation de ce pilier restent très délicates pour les Occidentaux. Il bouscule en effet les schémas habituels de maîtrise de la qualité - orientés vers les contrôles sur les produits - et **fait appel à une notion de maîtrise de la qualité au niveau de chacune des étapes du process**.

Pour comprendre cette approche, prenons un exemple : le travail au crochet. Le contrôle sur le produit vérifie la qualité finale, la présence ou non d'irrégularités dans les mailles. En cas d'anomalie, il faut défaire et refaire, une fois que le travail est réalisé. Et rechercher les causes de défauts a posteriori.

La construction de la qualité dans le produit, façon Toyota Production System, va s'attacher à vérifier que le geste est le bon, à observer si la façon de travailler est adaptée. Si ces conditions sont réunies, alors le produit final sera nécessairement de qualité. Si ce n'est pas le cas, alors peut-être faudra-t-il améliorer la formation de la personne ou modifier le matériel ou revoir la procédure… ?

On ne peut parler d'Automatisation à visage humain sans aborder les « **détrompeurs** » ou **Poka Yoke**[10].

Le fonctionnement des détrompeurs a été bien compris en Occident. Il s'agit de petits systèmes pratiques qui permettent d'identifier immédiatement que l'on fait quelque chose de non-conforme.

Un petit exemple concret de détrompeur dans notre quotidien : le biseautage des cartes mémoires d'appareils photographiques qui empêche de les introduire dans le mauvais sens.

Sur une unité de fabrication, les détrompeurs détectent les pièces non-conformes et ont deux actions possibles : soit ils bloquent les opérations suivantes, soit ils allument un voyant lumineux (voir plus loin le fonctionnement).

---

[10] *Prononcer « Poka Yoké ».*

La mise au point des détrompeurs sera idéalement réalisée avec la participation active des opérateurs.

Ce sont ces machines automatisées capables de détecter leurs propres défauts et de s'arrêter plutôt que de produire, qui ont conduit au terme d'Autonomation. Le mot a été créé sur la contraction d'autonomie (Autonomy en anglais) et d'automatisation (Automation en anglais).

Le concept d'Automatisation à visage humain date des années 1900.

M. Sakichi Toyoda, le fondateur du Groupe Toyota, a inventé un dispositif permettant, pour la première fois, à un métier à tisser de s'arrêter automatiquement lorsqu'un fil se rompait. Auparavant, la machine continuait à produire des tissus défectueux et il fallait placer un opérateur à la surveillance de la qualité sur chaque métier. Avec cette invention, une seule personne fut placée à la surveillance de plusieurs machines.

Le principe de fonctionnement des **voyants lumineux**, ou **Andon**[11], cache une philosophie bien plus élaborée qu'un simple feu tricolore.

Les voyants lumineux constituent un système de contrôle visuel installé dans un atelier, composé d'un tableau électronique suspendu visualisant la situation des opérations de production et signalant les problèmes dès leur apparition.

Le voyant lumineux peut être déclenché automatiquement par un détrompeur ou à l'initiative d'un opérateur. Le motif d'arrêt peut être un problème technique, un manque de formation ou une difficulté à suivre la cadence, peu importe.

---

[11] *Andon (prononcer « Anndonn ») veut dire « lampe » en japonais.*

Comme le souligne fort justement Michael Ballé[d12], « *l'idée qu'un opérateur ait le pouvoir d'arrêter la ligne a tellement fasciné dans des contextes de production très tayloriens qu'elle a parfois été appliquée telle quelle - et conduit à de fâcheuses débâcles.* »

Le but du voyant lumineux est d'alerter sur le fait qu'une difficulté empêche que le standard soit respecté.

Ainsi Taiichi Ohno soulignait :
« *Une ligne de production qui ne s'arrête jamais est soit une ligne merveilleusement parfaite, soit une ligne à problèmes.*
Dans ce dernier cas, le fait que la ligne ne s'arrête jamais signifie que les problèmes ne remontent jamais à la surface. C'est très mauvais.
Il est essentiel d'agencer une ligne pour qu'elle puisse être arrêtée à tout moment si nécessaire. Cela permet de prévenir la génération de produits défectueux, de mobiliser le personnel le plus compétent pour faire progresser les choses et, finalement, tendre vers la ligne parfaite qui ne nécessite jamais d'arrêt »[13].

Avec un voyant lumineux, le superviseur a deux missions.
La première : la mise en place de mesures correctrices immédiates pour pouvoir assurer la production attendue.
La seconde, tout aussi essentielle : conduire une analyse plus poussée de type « 5 pourquoi ? » pour comprendre l'origine du problème et remonter à la cause racine, sans se satisfaire d'une solution symptomatique.

---

[12] *Michael Ballé, publication sur le site http://lean.enst.fr.*
[13] *Id.*

Cette éradication du problème est résumée dans un manuel de formation des superviseurs de Toyota :
« Un contremaître qui arrête la chaîne deux ou trois fois à cause du même problème n'est pas digne de sa fonction. »[14]

Cette approche très opérationnelle demande une orientation vers le terrain très importante et une expertise très élevée du superviseur.

C'est dans ce principe que l'on retrouve **l'empreinte majeure des théories de William E. Deming (voir chapitre 3) sur la Qualité Totale.**

Plutôt que de se concentrer sur la qualité du produit, **le concept de Qualité totale est basé sur l'amélioration continue des processus de fabrication**[15].

La philosophie est que tout résultat (qualité finale du produit, mais aussi productivité, délais de livraison, parts de marché) est la résultante d'un travail bien fait à chaque étape du processus. **D'où l'importance capitale de l'apprentissage et de la maîtrise du « comment faire bien » et non du « quoi faire ».**

Notre expérience montre que cette philosophie représente une difficulté majeure pour les organisations et les fonctionnements français.

En effet, elle s'oppose à une vision court-termiste et au diktat du pilotage par les objectifs. Elle demande la mise en place de relations de confiance et l'élimination du « management par la peur » (du patron, de perdre son emploi, de proposer des idées).

---

[14] *Id.*
[15] *Amélioration continue ou Kaizen (voir plus loin).*

Plus fondamentalement, ce sont les différences entre les systèmes éducatifs japonais et français qui conduisent à des « rôles du diplôme dans les marchés internes [dans leur pays] et, donc, à la création de deux systèmes hiérarchiques bien distincts »[16].

Le changement peut s'avérer rude pour la culture d'entreprise française.

Ainsi, la présence de certains principes historiques de gestion de la qualité, souvent érigés en normes de certification, peut constituer un carcan. En effet, une approche orientée vers une maîtrise des processus généraux de l'entreprise (planification, contractualisation, process, documentation…) peut, par sa lourdeur, entraver et détourner les moyens d'une action opérationnelle efficace.

En outre, **l'amélioration continue au plus près de la source exige de la main-d'œuvre et des managers très qualifiés.**

Peut-être, doit-on s'interroger alors sur le parcours professionnel des décideurs occidentaux, trop souvent mis en position de responsabilité d'activités qu'ils ne connaissent concrètement que trop peu ?

Et méditons sur le fait qu'au Japon, un manager débute généralement en bas de l'échelle où, pendant deux ans, il va tourner dans différents postes de production et travailler avec les ouvriers. Et seulement après, pourra-t-il être affecté à des tâches de management.

---

[16] *« L'organisation du travail au Japon : l'étude du Ohnisme et la recherche de l'effet sociétal »*, *Mémoire de Maîtrise d'Elodie Montreuil, Faculté de Sciences Economiques et de Gestion de l'Université de Nantes.*

Même si de tels parcours existent en France, ils restent plutôt rares et n'ont pas la même finalité qu'au Japon : il s'agit plutôt d'une « découverte » de l'entreprise et moins d'une recherche d'enrichissement de compétences, considérées comme acquises par le système éducatif.

Au final, William E. Deming « attribue 95% des problèmes de production au management de l'entreprise et seulement 5% aux ouvriers car, dit-il, les ouvriers sont bien souvent prisonniers d'un système de production mis au point par le management et ils ont rarement le pouvoir de le changer ».[17]

Parlez-vous Kaizen, 5S, Kanban, cartographie de la chaîne de la valeur ?

Vous l'aurez compris, s'intéresser et comprendre le Lean nécessitent l'apprivoisement de concepts nombreux et techniques, auxquels est rattaché un vocabulaire spécifique. Avec des termes parfois volontairement rendus complexes dans certaines communications - le jargon qui rend intelligent... -.

Ce vocabulaire ne vous sera peut-être pas utile dans vos soirées entre amis, mais vous permettra d'être un peu moins désorienté(e) si vous croisez un projet Lean...

Pour les termes les plus spécifiques, vous pourrez vous reporter en annexe à une liste - non exhaustive - de définitions.

Nous proposons de présenter ci-après les concepts et outils les plus fréquents, que l'on retrouve dans une majorité de

---

[17] *Le système Toyota pour les nuls, blog de Loindelà, site agoravox.fr.*

projets Lean, quels que soient les secteurs concernés ou les entreprises : **le 5S, le Kaizen, le Kanban et la cartographie de la chaîne de la valeur.**

Le *Kaizen*[18] :

Le **Kaizen** est un processus d'améliorations concrètes (**pas à pas**) et un état d'esprit qui nécessitent l'implication de tous les acteurs.

La démarche repose sur des petites améliorations faites au quotidien, constamment.

Littéralement Changer (Kai) pour le Bien (Zen). Le Kaizen est généralement traduit par **amélioration continue**.

C'est une démarche graduelle et douce, qui s'oppose au concept plus occidental de réforme brutale, du type « on jette le tout et on recommence à neuf » ou de l'innovation pure. Le Kaizen ne demande pas beaucoup d'investissements financiers, mais une forte motivation de la part de tous les employés.

Le Kaizen englobe les méthodes 5S, Kanban, TPM (les deux premiers seront décrits ci-après, pour la TPM, voir en annexe dans la liste des définitions).

La majorité des projets Lean utilise une forme accélérée du Kaizen, lorsque l'on estime qu'il y a urgence. On les appelle **Chantiers Kaizen ou percée Kaizen** (les Anglo-Saxons parlent de Kaizen Blitz, en référence au Blitzkrieg ou guerre-éclair). Le terme japonais le plus adéquat serait kaikaku[19].

---

[18] *Prononcer Kèzenn.*
[19] *Kaikaku (prononcer kèkakou), qui veut dire changement radical.*

Le changement est ciblé sur un secteur particulier, dans un délai très court (parfois 5 jours). La participation de tous est également requise.

Ces chantiers sont très prisés des managers et consultants français : changement rapide, visible.

Ils présentent cependant un certain nombre de risques :
- « orientation » vers des solutions préétablies par des animateurs formés à la gestion d'opinion ou encore trop autoritaires,
- peu de droit à l'erreur, sous peine de bloquer les chantiers ultérieurs et décrédibiliser la méthode,
- grande tentation de réduire la démarche Lean à ces chantiers, menés par des « champions » du court terme.

Le travers du court-termisme est fréquemment rencontré dans les projets Lean occidentaux, ce qui conduit à **une non-appropriation par les salariés et des résultats peu pérennes. En effet, seule une approche prudente et progressive permet une prise en compte réelle des situations et l'apport de solutions adaptées à des problèmes parfois complexes, intégrant les hommes et les femmes qui réalisent le travail.**

Le 5S :

Pourquoi « 5S » ? Il s'agit de cinq termes japonais commençant par un « S » et décrivant les actions à réaliser dans le but d'obtenir un lieu de travail organisé - et, donc, contribuer à une réduction des gaspillages -.

Nombre d'entreprises ont débuté et débutent encore par du **5S**, qui est considéré comme une excellente entrée en matière pour une démarche Lean. Le 5S est applicable à une très grande variété de situations : poste de production, bureau, atelier de maintenance...

Les cinq termes japonais sont :
1. Seiri (généralement traduit en français par Débarrasser ou encore Trier) : Faire la différence entre l'indispensable et l'inutile - outils, pièces, matières, documents - et se débarrasser de tout ce qui encombre le poste de travail.
2. Seiton (Ranger) : Disposer les objets de façon à pouvoir trouver ce qu'il faut quand il faut.
3. Seiso (Nettoyer) : Eliminer les déchets, la saleté et les objets inutiles pour la netteté du poste de travail.
4. Seiketsu (Ordonner ou Standardiser) : Propreté résultant de l'application régulière des trois premiers S.
5. Shitsuke (Respecter ou Améliorer) : Faire systématiquement ce qu'il faut, en appliquant les quatre premiers S.

Un schéma en forme de roue du 5S peut être utilisé pour symboliser l'action permanente.

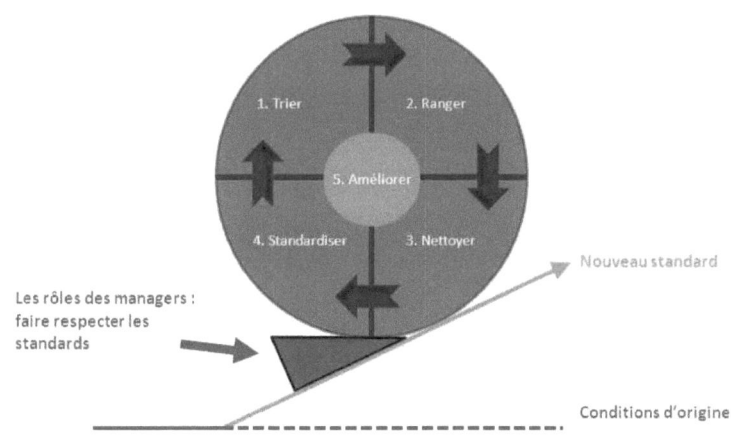

Roue 5S. Source : sbconsultants.fr

Voici à quoi peut ressembler un atelier sous 5S :

Photographie. Source : deborahcmiller.com

Le 5S est considéré comme faisant partie de la démarche Lean car il ne s'agit pas d'un programme de rangement et de nettoyage ponctuel, mais d'une démarche permanente d'amélioration. Il contribue à l'obtention de la qualité (utilisation des bons instruments, propreté…) et à la réduction des gaspillages (matières, temps…).

Le *Kanban*

Un **Kanban** (terme japonais signifiant « fiche » ou « étiquette ») est un dispositif visuel de signalement qui donne l'autorisation et les instructions de procéder à la fabrication ou au prélèvement d'un article dans un système à flux tiré.

La carte Kanban (une simple fiche cartonnée) est la plus commune : elle transmet les informations de nom de pièce, numéro, procédé fournisseur externe ou interne, taille du conteneur, adresse de stockage. Un code à barres peut être utilisé pour assurer une traçabilité ou lancer des ordres automatiques d'expédition.

Exemple de carte Kanban. Source : mrp-et-kanban.over-blog.net/article-28933216.html

Ces fiches sont utilisées dans des tableaux et sont déplacées en fonction des mouvements de pièces. L'aspect visuel permet d'avoir une lecture rapide de la situation et d'engager ainsi l'action.

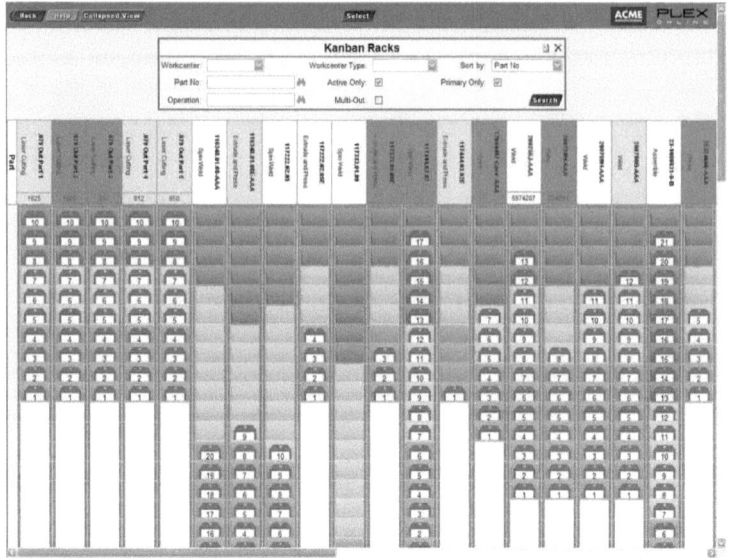

Exemple d'un tableau de cartes Kanban. Source : www.plex.com/screenshots

Les cartes Kanban peuvent parfois être remplacées par des plaquettes triangulaires, des balles de couleur, des signaux électroniques...

Avec les informations indiquées sur les cartes et l'affichage visuel, cette méthode, déployée à la fin des années 1950 dans les usines Toyota, assure deux fonctions dans un système de production :
- elle informe les procédés amont de fabriquer (réapprovisionnement)
- elle informe les manutentionnaires (ou transporteurs) qu'ils doivent déplacer les produits.

Nous avons constaté que la mise en place de cet outil simple de visualisation des ordres de fabrication et de mouvement symbolisait fréquemment l'arrivée - perturbante pour les opérateurs - d'une toute nouvelle logique de production.

En effet, dans une industrie de culture taylorienne, le mot d'ordre est de produire en masse à toutes les étapes du processus et de stocker si les ateliers en aval ne sont pas en capacité d'absorber les quantités en temps réel.
Le passage en Juste À Temps révolutionne cette culture et la fiche Kanban peut « interdire » la production si l'aval n'en a pas fait la demande. L'atelier concerné doit donc s'arrêter de produire !

Dans le même temps, la réduction des stocks et des surfaces utilisées va modifier totalement l'implantation des ateliers.

Cette situation a rendu perplexe plus d'un opérateur « entré » dans le Lean après des années d'organisation taylorienne...

Cartographie de la chaîne de la valeur[20]

Il s'agit d'une représentation graphique de toutes les étapes impliquées dans le flux des matières et le flux des informations requises, pour mener un produit de la commande à la livraison.

Une **cartographie de la chaîne de valeur** de la situation existante est d'abord établie, permettant de révéler les opportunités d'amélioration et de réduction des 7 principaux gaspillages à combattre : Surproduction, Non qualité, Attentes,

---

[20] *Ou cartographie du flux de valeur ou Value Stream Mapping (VSM).*

Déplacements des Opérateurs, Transports des matières, Stocks inutiles, Processus de production non adapté.

Voici un exemple de cartographie de l'existant, permettant de se faire une idée globale de ce type de représentation graphique, avec une simplification visuelle évidente :

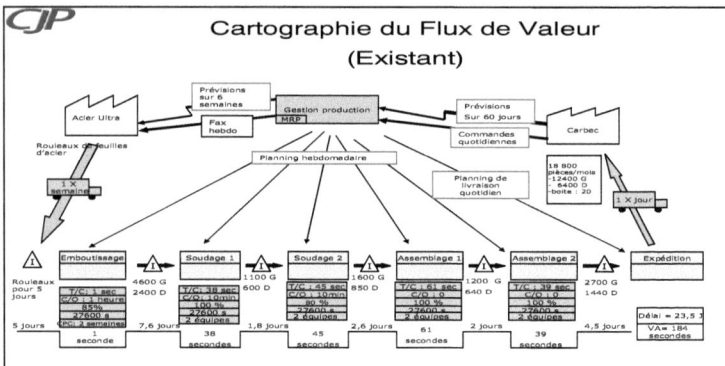

Exemple de Cartographie de l'état actuel du Flux de Valeur. Source : CJP Conseils

Après avoir identifié les gaspillages, un état futur de la cartographie de la chaîne de valeur sera établi, illustrant le résultat attendu par la réalisation des améliorations identifiées dans l'actuelle cartographie (vision globale également).

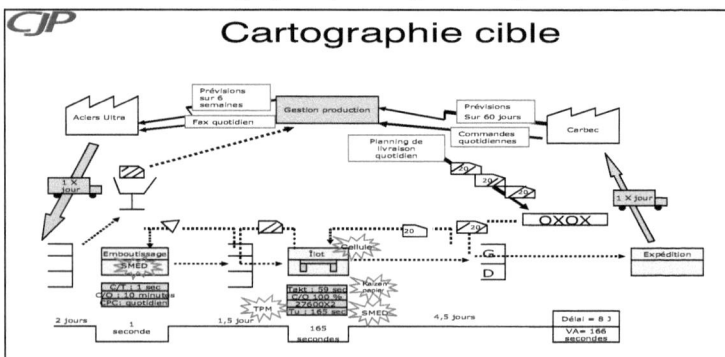

Exemple de Cartographie de l'état futur du Flux de Valeur. Source : CJP Conseils

L'établissement de ces cartes demande une certaine expertise, notamment dans la technique de cartographie qui est très codifiée (symboles...). Et une très bonne connaissance de l'entreprise ou du secteur, car c'est la mise en place du travail sur les flux, avec notamment l'utilisation des outils Kaizen, 5S, Kanban, qui doit permettre d'atteindre l'état futur de la cartographie de la chaîne de la valeur.

Cette étape est une phase essentielle d'un projet Lean, qui n'est malheureusement que trop rarement mise en débat avec les connaisseurs de l'activité ainsi qu'avec l'ensemble des acteurs, pourtant parties prenantes dans le changement à venir.

Ce partage doit permettre la prise en compte de tous les éléments de prévention des risques - techniques, organisationnels, humains, de santé... - et d'éviter ainsi l'établissement d'objectifs inadaptés à un changement pérenne.

Ces cartes, en présentant le gain attendu sur les flux de production, les délais de livraison et les niveaux de stocks moyens, constituent **donc également l'étape cruciale du chiffrage des gains de productivité et, donc généralement, du « retour sur investissement du projet ».**

L'établissement de ces cartographies donne fréquemment une image aux directions d'une grande quantité de tâches dites non valorisantes (ou sans valeur ajoutée pour l'entreprise) dans le processus. Il est couramment annoncé 60 ou 70% de temps cumulés de gaspillages...

Toute la difficulté réside dans la définition de la cible : combien, comment, dans quels délais ?

Là est le nœud gordien… où l'irrationnel vient parfois panser les inquiétudes et le doute : ainsi peut-on voir émerger des « coefficients de modération » des gains attendus – dans le but de rendre la cible « atteignable » ou « réaliste » - allant jusqu'à 50%...

La question qui se pose ici est fondamentale : de quoi parle-t-on quand on évoque les gaspillages et les gains de valeur ajoutée ?

Cette photographie de l'existant interroge le travail sous l'angle d'une succession de « tâches ».
La standardisation proposée avec cette méthodologie de cartographies pose plusieurs difficultés :
- **Elle réduit l'analyse de la performance industrielle ou du processus à une séquence prédéfinie d'actions, un schéma type unique.** Est-on certain qu'il s'agisse là de la meilleure analyse de la performance de l'entreprise ? Où prend-on en compte l'apport de l'intelligence pratique du salarié ou collective dans le résultat ?
- **Elle fige le travail, le rigidifie** et, en oubliant d'analyser comment compenser ce qui, hier, permettait à l'homme de « respirer » et de disposer de « marges de manœuvre », crée des conditions très importantes de développement de risques pour la santé et les conditions de travail.

Nous ne saurions que trop conseiller de mettre en débat entre toutes les parties prenantes ces choix qui conditionnent l'ensemble d'un projet Lean, afin de n'oublier aucune étape, de mesurer les risques inhérents à tout projet de changement important pour l'entreprise et ses hommes…

Chapitre 3 – Principes fondateurs et valeurs sous-jacentes

Avant le Lean fut la Ford Modèle T

L'industriel américain **Henry Ford**[e] fut un pionnier de la construction automobile et ses principes ont répondu aux attentes du début du 20ème siècle : fournir des véhicules automobiles en masse. Il déclarait en 1908, année de sortie de son célébrissime Modèle T : « Je construirai une voiture pour le plus grand nombre ».

Ses objectifs étaient simples : diminuer les coûts de son Modèle T pour rendre l'automobile, auparavant objet de luxe, accessible aux masses. Pour cela, il a mis en place un certain nombre de principes originaux, qui en ont fait un modèle - le fordisme -, poussant encore plus loin les principes du modèle taylorien.

Tout d'abord, Ford a appliqué, dès 1913, sur ses lignes de montages, les principes développés par Taylor sur l'Organisation Scientifique du Travail[21] (O.S.T.). La **rationalisation des tâches** - ou parcellisation du travail - est

---

[21] *L'Organisation Scientifique du Travail (O.S.T), base de la Deuxième Révolution Industrielle au 20ème siècle, est une méthode de management et d'organisation des ateliers de production, dont les principes ont été développés et mis en application industrielle par Frederick Winslow Taylor (20 mars 1856 - 21 mars 1915). Elle est aussi communément appelée taylorisme et fut poussée à l'extrême dans le fordisme.*

l'application des méthodes de Taylor au processus de fabrication.

L'étude rationnelle de l'activité de l'ouvrier, sa décomposition en gestes élémentaires, conduit à la simplification et à la normalisation de ces gestes. Sous le contrôle accru de l'ingénieur, l'ouvrier exécute des tâches élémentaires sur des machines-outils spécialisées. Cette organisation permet d'accélérer la production.

Ford, l'industriel, comprend très tôt l'intérêt de la parcellisation du travail théorisée par Taylor : celle-ci est parfaitement adaptée à une population d'immigrants sachant très peu lire et ne parlant généralement pas anglais.

C'est à Ford également que revient l'invention en 1913 de **la chaîne d'assemblage mobile (l'assemblage à la chaîne)**. Elle réduit le temps de montage du châssis de 12h à 2h40 !

Ces gains de productivité extraordinaires ont permis de diminuer drastiquement les prix de vente. Déjà au lancement du Modèle T, le prix était nettement inférieur au prix moyen d'une automobile qui avoisinait alors 2 000 $: il était de 825 $ (ce qui correspond cependant à 6 mois du salaire d'un enseignant).

Le prix n'a cessé de diminuer à mesure de l'augmentation de la production. Il était de 360 $ en 1916 et a atteint 260 $ en 1921.

Avec une telle diminution des prix, les ventes sont passées de 250 000 véhicules en 1914 à 472 000 en 1916 et ont dépassé le million au début des années 1920. En 1927, après 19 ans d'activité, la production dépassait en cumul les 15 millions d'unités.

Le déclin de l'empire Fordien

Si le modèle fordien de développement d'entreprise a pu conduire à des résultats aussi exceptionnels (techniques, économiques et, pour partie, à l'origine, sociaux), c'est qu'il représentait une réponse à une attente particulière du début du 20ème siècle.

Mais ce colosse aux pieds d'acier va trébucher sur l'évolution des attentes du marché et de ses ouvriers.

Deux aspects indissociables de l'entreprise Ford l'ont conduite au déclin dès 1929 :

- L'extrême spécialisation du travail dans des chaînes de montage rendait les emplois monotones et le travail extrêmement pénible.
- Les lignes de montages adaptées à la fabrication d'un seul et unique modèle (la Ford T, puis la Ford A) étaient très lourdes et incapables de variété. Ford déclarait : « Les gens peuvent choisir n'importe quelle couleur pour la Ford T, du moment que c'est noir. »

La société américaine était en pleine mutation. Le début des années 30 a vu les économies des américains fondre (quand ils ne furent pas ruinés). Il fallut encore baisser les prix et Ford n'eut qu'une solution : augmenter les cadences.

Ligne de montage Ford, site internet http://lecerveau.mcgill.ca

L'intérêt du montage à la chaîne était d'apporter le travail à l'ouvrier et non l'inverse. Dans les usines de Ford, celui-ci ne devait pas avoir plus de deux pas à faire, ni se lever ou se baisser. Grâce à la chaîne de montage, le temps de construction d'une automobile a été divisé par 12 dans les années 1920

Les salariés étaient malades (ulcères et tremblements), le mécontentement grondait. La réponse d'Henry Ford, jusqu'à sa retraite en 1945, fut le combat : pressions, surveillance, recours à des hommes de main pour mater les grévistes et les syndicats.

C'est ce monde fordien poussé jusqu'à la caricature qui a inspiré Charlie Chaplin pour réaliser son film « *Les temps modernes* » en 1936.

Parallèlement, le marché automobile a évolué dès les années 30. La clientèle attendait des modèles diversifiés, dans des délais de plus en plus courts, pour des prix maîtrisés.

Ford n'a pas su répondre à cette nouvelle attente, que ses concurrents se sont empressés de satisfaire.

L'outil fordien était devenu une caricature de production de masse. Quasi unicité de modèle (la couleur rouge n'a complété que tardivement le noir), trop grande longévité des modèles (après 19 années de modèle T, le modèle A est venu le remplacer seulement en 1927).

Les évolutions sociologiques de la fin des années 60 ont sonné le glas d'un modèle d'entreprise fordien devenu inadapté à son temps.

La genèse ou les patriarches de la dynastie familiale Toyota[22]

Avant de devenir l'un des plus grands constructeurs automobiles au monde, avec 9,5 millions de véhicules vendus sur l'ensemble des cinq continents en 2009, l'histoire de Toyota est celle d'une dynastie familiale d'industriels.

Elle commence à la fin du 19ème siècle, avec l'invention par **Sakichi Toyoda**[f] du premier métier à tisser automatique au Japon.

Avec la vente par Sakichi Toyoda des droits de propriété industrielle de son métier à tisser automatique, son fils Kiichiro[g] a jeté les bases de la production automobile, avec la

---

[22] *Toyota est un nom créé à partir de celui de son fondateur, Sakichi Toyoda. Appelé au début Toyeda, il a été changé après un concours pour trouver un nom qui sonnait mieux.*

fondation, en 1937, de Toyota Motor Corporation (TMC). Ce tournant fut la résultante de plusieurs années d'apprentissage aux États-Unis et en Europe, au cours desquelles Kiichiro s'est intéressé de près à l'industrie automobile naissante.

Autre membre éminent de la famille, Eiji Toyoda[h], cousin de Kiichiro et neveu de Sakichi, a contribué à systématiser les méthodologies du système Toyota jusqu'en 1994, date à laquelle il quitte la présidence du Groupe à l'âge de 81 ans.

Eiji a collaboré avec celui qui est considéré comme le père du Toyota Production System : **Taiichi Ohno**[i].

Engagé comme simple ouvrier du tissage, celui-ci est devenu le plus grand théoricien des méthodes Toyota et un haut dirigeant de l'entreprise.

Taiichi Ohno est considéré comme l'architecte du Toyota Production System (TPS), développé afin de produire la meilleure qualité, aux coûts les plus bas et avec les délais de production les plus courts, par une recherche permanente d'élimination des gaspillages.

Il a défini les sept muda ou gaspillages fondamentaux et il est également le père du Kanban.

Ohno a permis l'élargissement du Juste À Temps aux processus d'achat, ventes, marketing, services clients.

Il a publié tardivement (1978) plusieurs livres, dont *Toyota Production System : Beyond Large-Scale Production,* traduit en anglais seulement en 1988 (et toujours non traduit en français).

Un autre ouvrage, *Toyota Production System* (1988, New York : Productivity Press), a été traduit en français sous le titre *L'esprit Toyota,* publié en 1989 chez Masson.

Les influences extérieures du Toyotisme

Les équipes de Toyota, pour talentueuses qu'elles furent, n'ont pas tout inventé. Elles ont su apprendre de l'extérieur et assimiler des savoirs issus d'autres penseurs.

Nous l'avons vu, Kiichiro Toyoda, fils du fondateur, est allé dès les années 20 apprendre en Europe et aux Etats-Unis les techniques de fonctionnement et de production de l'automobile naissante.

Taiichi Ohno, à la tête d'une équipe Toyota, réussit même dans les années 50 à visiter les usines de Ford. Il a confirmé ce qu'il avait entendu treize années auparavant, à savoir que le constructeur américain était probablement neuf fois plus productif que l'entreprise nippone. Il écrit dans son ouvrage *L'esprit Toyota* :
« *En 1937, je travaillais dans un tissage de la société Toyota Textiles. Un jour j'entendis quelqu'un, qui revenait d'un voyage à l'étranger, dire qu'un Allemand produisait trois fois plus qu'un Japonais et qu'un Américain produisait trois fois plus qu'un Allemand. Il fallait donc neuf Japonais pour faire le travail d'un Américain* ».

Cependant, Ohno fit un autre constat majeur. Ford était peut-être neuf fois plus productif, mais au prix de stocks qui lui paraissaient gigantesques et d'une absence totale de flexibilité : le concept de Just-In-Time (traduction française : Juste À Temps) en découla quelques années plus tard.

En outre, le modèle d'organisation fordien - parcellisation des tâches et travail à la chaîne - interrogea Ohno, dans son rapport à l'intelligence de l'opérateur ou, plus précisément, dans l'absence qu'il constatait.

Ohno pensait que l'apport des savoirs des opérateurs pouvait être une question centrale dans l'amélioration de la performance de l'entreprise et dans la satisfaction des salariés.

En outre, il savait que le contexte du Japon était différent de celui des Etats-Unis : Toyota disposait d'une main-d'œuvre qui parlait la même langue, savait lire et était issue d'un modèle unique de culture.

Les conditions étaient réunies pour créer un modèle organisationnel et social particulier au sein de l'entreprise.

Un autre apport extérieur a joué un rôle prépondérant dans la mise au point des méthodes japonaises : **William Edwards Deming**.

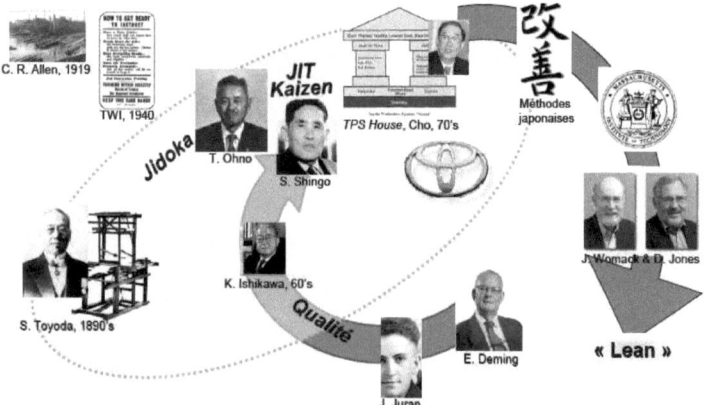

Origine et histoire du Lean, une longue saga qui mêle famille Toyoda et influences extérieures. Source : G. Beauvallet, Projet Lean Entreprise, Telecom ParisTech

Un américain à l'origine de la philosophie managériale de Toyota : William Edwards Deming

L'américain William Edwards Deming[j23], docteur en physique théorique, s'est tout d'abord intéressé aux statistiques, discipline naissante, et aux enquêtes par échantillonnage, puis, très rapidement, aux méthodes de management permettant de garantir la qualité.

Pendant la seconde guerre mondiale, Deming a mis ses connaissances au service des industries d'armement américaines. A l'université Stanford, il a organisé un séminaire de management, destiné à améliorer la productivité et la qualité du matériel de guerre.

Dans son enseignement, il s'écarte des théories, très en vogue à l'époque, de Taylor[k] sur la parcellisation du travail. Il prône l'atteinte de la performance en intégrant la qualité dès la conception et la fabrication du produit. Et cela, grâce à « un management totalement rénové favorisant le dialogue et l'accomplissement des buts communs ».
Deming pensait que l'homme était une pièce centrale dans l'atteinte de la performance et de la qualité.

Aux Etats-Unis, encore très imprégnés de taylorisme, cette philosophie ne convenait pas à des ingénieurs et cadres qui craignaient de perdre leur autorité.

Au sortir de la 2ème guerre mondiale, c'est dans un Japon en reconstruction que son travail a rapidement porté ses fruits. Ironie de l'histoire, cet Américain y a formé, à partir de 1950, les dirigeants d'entreprise japonais. Ils apprirent comment

---

[23] *William Edwards Deming : 14 octobre 1900 - 20 décembre 1993.*

améliorer la conception, la qualité, les tests et la vente des produits par diverses méthodes, dont l'application des statistiques. Toyota fut un très bon élève de Deming...

L'industrie japonaise a aussitôt adopté les théories de Deming sur le management et, dix ans plus tard, les produits japonais ont commencé à déferler en Amérique. Le public américain ne s'y est pas trompé : ils étaient meilleurs et moins chers.

Deming a grandement contribué à la renommée ultérieure du Japon en matière de produits innovants et de haute qualité ainsi qu'à sa puissance économique. On considère qu'il est la personne non originaire du Japon ayant eu le plus d'influence sur l'industrie et les entreprises japonaises. Considéré comme une sorte de héros au Japon, il commençait seulement à être reconnu aux États-Unis au moment de sa disparition.

Il a fallu attendre un reportage télévisé américain de 1980 intitulé « *Si le Japon peut, pourquoi pas nous ?* »[1], pour que les dirigeants américains découvrent les travaux et l'influence de Deming sur la performance de l'industrie japonaise de l'époque.

Très rapidement sollicité par de nombreux PDG américains, Deming, de retour dans son pays, a commencé à donner des séminaires publics de quatre jours où il expliquait ses idées devant plusieurs centaines de participants. De 1981 à 1993, il a dirigé 250 séminaires, soit le chiffre impressionnant de 120 000 participants. Il a donné également de nombreuses conférences dans des entreprises américaines qui ont adopté sa philosophie[24].

L'enseignement de Deming a pour objet le management. Contrairement à une idée reçue, son but n'était pas d'améliorer le management, en lui ajoutant une composante qualité, mais de le transformer de fond en comble.

En 1950, Deming déclarait : *« on pourrait dire que [ma méthode], c'est la démocratie dans l'industrie »*. Selon ses adeptes - notamment le site internet www.fr-deming.org de l'Association française Edwards Deming, fondée en février 1989 -, des milliers de témoignages montrent aujourd'hui que cette nouvelle approche du management favoriserait le dialogue et l'accomplissement des buts communs.

Avec Deming, **la notion de qualité est profondément redéfinie** par rapport aux pratiques habituelles. Dans sa pensée, en adoptant de bons principes du management, les organisations peuvent simultanément augmenter la qualité et réduire les coûts (en réduisant le gaspillage, les reprises de fabrication, les départs et les litiges chez les employés, tout en augmentant la fidélité des consommateurs).

La clé se trouve dans un souci de progrès continu et dans la pensée de la fabrication comme un système et non comme un simple assemblage de pièces et de vis.

---

[24] *En 1983, Deming a rassemblé les supports de ses séminaires pour faire un livre, publié par le MIT sous le titre Quality, Productivity and Competitive Position. En 1987, ce livre a été réédité et publié à nouveau par le MIT sous le titre Out of the Crisis. Trois éditions en français ont été réalisées en 1988, 1991, puis 2002.*

Progrès continu, approche systémique de la qualité, des notions que l'on retrouvera clairement dans le Toyota Production System...

Deming propose **un modèle de management des hommes, en rupture fondamentale avec celui pratiqué dans le fordisme**, système dominant à l'époque. En effet, en intégrant la notion de **primauté du management des hommes dans la réussite technique, commerciale et économique de l'entreprise**, il ouvre en même temps le débat sur les notions **d'intérêt intellectuel au travail, de vision à long terme et, donc, d'une garantie de durée de relation entre le salarié et son entreprise**. Garantie de relation que le Japon saura institutionnaliser grâce à ses traditions d'emploi à vie.

Autre contribution claire de Deming à la méthode Toyota : **la roue de Deming ou le PDCA**[25] (*Plan Do Check Act* ou Planifier Développer Contrôler Assurer).

La roue de Deming est une illustration de la méthode de gestion de la qualité, dite PDCA. Deming n'a pas inventé le principe du PDCA, mais il l'a popularisé dans les années 1950 en présentant cet outil au patronat japonais.

---

[25] *Voir en Annexe la liste (non exhaustive) de définitions relatives au Lean.*

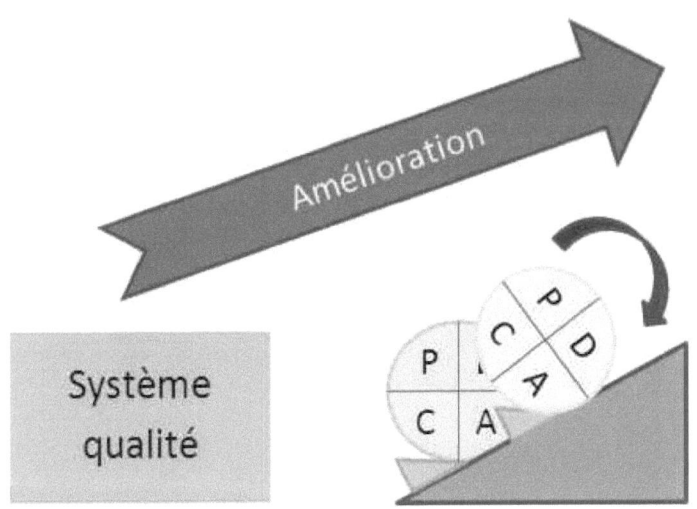

Roue de Deming, illustration du PDCA. Source : site internet Wikipedia

Aux premiers jours du Lean

Les équipes de Toyota, nous l'avons vu, observaient depuis les années 20 les bases des organisations industrielles occidentales et, plus particulièrement, le fordisme.

De ces observations, associées aux enseignements de William E. Deming, sont nés les premiers principes :
- Savoir répondre aux nouvelles formes de « consumérisme » (accroissement de l'offre par développement des options sur les modèles, réduction des délais d'attente de livraison) qui doivent induire un pilotage des flux « tirés » par l'aval (depuis la demande du client jusqu'à la commande de matières premières).
- Revoir la notion de production « standard » qui doit être bannie.

- Repenser le « concept de productivité » (tout ce qui est « inutile » me coûte), conduisant à la réduction des stocks et l'évolution des flux.
- Rebondir sur les limites sociales du modèle taylorien-fordien (au final, forte insatisfaction des salariés : forte pénibilité du travail, modèle de rémunération, affrontements sociaux).
- Chercher « l'engagement » de l'opérateur dans le travail dans un but d'amélioration permanente du système à partir du savoir sur le terrain.

De ces principes va émerger un nouveau modèle industriel et social proposant des outils et des méthodes très spécifiques :
- Production diversifiée et changeante avec la maîtrise de la gestion de la variabilité et de la mise en flexibilité globale de l'entreprise.
- Salariés plus qualifiés qui doivent devenir acteurs du système.
- Déploiement de l'action des salariés sur la conception du travail : participation aux développements des principes d'économie de temps et de gestion des flux tendus.
- Changement fondamental du rôle de la maîtrise, qui doit évoluer vers une animation de la participation des opérateurs au lieu d'un rôle traditionnel de décideur.
- Recherche d'implication des salariés (mobilisation des savoirs d'innovation).
- Nouvelles formes de rémunération (une rétribution de l'apport en amélioration par opposition à un salaire à la pièce).
- Développement du rôle des collectifs avec la mise en place d'équipes ou d'unités autonomes.

Avec les réflexions des équipes de Toyota, un **changement de la nature du travail** s'est opéré et leurs concepts ont dépassé, au fil des années, le simple cadre de l'outil de production. Ainsi, le Toyota Production System n'est qu'une partie restreinte d'un vaste ensemble : d'où le choix fait par les chercheurs du MIT de créer un nouveau terme - le Lean -.

Le Lean doit être vu **tout à la fois comme un mode de gestion (ou de management) de l'entreprise, un mode de pensée et une philosophie.**

Mode de gestion, au sens où il propose un ensemble de concepts et d'outils éprouvés, proposant des pistes d'amélioration des organisations et des fonctionnements.

Mode de pensée, au sens d'une démarche qui doit être progressive, ancrée dans la durée, permanente, conduisant à un fonctionnement naturel.

Une philosophie, au sens d'un management respectueux de l'humain, désireux du bien de ses salariés, condition sine qua non d'une performance pérenne. Si Deming a influencé le Lean, c'est bien sur ce sujet…

Sur la base des analyses et des observations, **le Lean se pose en rupture par rapport au taylorisme et au fordisme** qui visaient à une parcellisation du travail, décidée par les experts et appliquée à la lettre par les opérateurs, dont il était seulement attendu qu'ils reproduisent fidèlement des séquences de gestes les plus simples possible.

En s'appuyant certes sur **une culture d'obéissance et d'abnégation de l'individu face au groupe,** mais aussi en proposant un modèle social basé sur **un contrat moral entre le**

salarié et son employeur (notion de contrat à vie), l'industrie japonaise a donc façonné une **nouvelle valeur d'échange du travail** avec des salariés plus qualifiés, fidélisés (l'entreprise nourricière et omniprésente) et vecteurs du changement.

Toyota ou l'irrésistible ascension

Que de chemin parcouru entre la confirmation dans les années 50 par Taiichi Ohno que la productivité de l'industrie américaine était neuf fois supérieure à celle de Toyota... et le titre de 1er constructeur automobile mondial !

Depuis ses premiers pas en Amérique du Nord dans les années 1980, l'entreprise a ouvert un nouveau site industriel tous les deux ans, ici ou là dans le monde.

Pour s'implanter en Europe, le constructeur japonais a créé une usine française à Valenciennes - Onnaing au début des années 2000 : la première voiture est produite le 29 janvier 2001, à peine 23 mois après le premier coup de pioche.

En 2003, Toyota Motor Corporation occupait la 3ème place mondiale avec 6,8 millions de véhicules, derrière Ford Motor Company et General Motors Corporation (à plus de 1,8 million d'unités devant Toyota). En 2006, ce furent 8,3 millions de véhicules, soit un doublement des ventes en une décennie.

En 2007, c'est le coup de tonnerre : le groupe Toyota, en incluant la production de Daihatsu et de Hino trucks, a fabriqué 9,51 millions de véhicules, ce qui en fait **le nouveau leader mondial** !

En 2009, Toyota possède 64 sites de production dans 28 pays (dont 12 au Japon). Ses véhicules sont commercialisés dans plus de 170 pays. Toyota emploie 286 000 personnes pour l'ensemble de ses activités.

La même année, côté image, le capital de Toyota était au firmament.

Auprès des consommateurs, la marque bénéficiait d'une image de fiabilité et de qualité permanentes, obtenues grâce à un modèle d'organisation interdisant en interne le moindre défaut.

Auprès des dirigeants et des managers, le mode de management rêvé - voire un modèle - était censé permettre la résolution de toutes les imperfections organisationnelles et techniques d'une entreprise, avec la participation de l'ensemble des salariés, et conduire à la réussite commerciale absolue.

Toyota... quelques ombres au tableau

Depuis fin 2009, Toyota est confronté à d'importants problèmes techniques qui ont défrayé la chronique. Au total, entre les problèmes de pédale d'accélérateur, de tapis et de pédale de freins, ce sont **8 millions de voitures** qui ont été rappelées dans le monde, soit quasiment la production annuelle de Toyota en 2008. Pour un coût estimé à 1,4 milliard d'euros...

Certes, l'affaire de la « pédale d'accélérateur » a dépassé largement le cadre des problèmes techniques. En effet, les Etats-Unis n'étaient pas mécontents de mettre la pression sur le constructeur qui était passé devant GM, Ford et Chrysler, y compris sur leurs terres. Du coup, les autorités américaines et canadiennes ont ouvert une série d'enquêtes sur ces défauts techniques de voitures japonaises.

Le secrétaire américain aux Transports, Ray Lahood, a même appelé les propriétaires des Toyota concernées à « arrêter de les conduire », avant de devoir retirer ses propos. Il a en effet été aussitôt accusé de conflit d'intérêts, l'Etat américain étant devenu propriétaire à 60% de General Motors dans le contexte de la crise mondiale de 2009.

Dernière menace qui planait au-dessus de Toyota : celle d'un procès aux Etats-Unis. Un cabinet d'avocats du Colorado a déposé une « class action » (plainte en nom collectif) contre le constructeur devant un tribunal fédéral, l'accusant d'avoir dissimulé « pendant plusieurs années les problèmes d'accélération involontaires » à l'origine de ses rappels massifs. Deux plaintes en nom collectif ont également été lancées dans l'Ontario et dans la région canadienne du Saskatchewan.

Les déboires de Toyota portent un coup sévère à la réputation de fiabilité du constructeur automobile japonais et représentent un test sérieux pour le « toyotisme », modèle d'organisation synonyme de flexibilité et d'efficacité.

Chaînes de montage qui tournent comme des horloges, pièces qui arrivent juste à temps, ouvriers consciencieux formés à la détection de défauts, production de masse de voitures de qualité : telle est l'image du modèle Toyota.

Cela n'a toutefois pas suffi pour prévenir des problèmes qui ne sont pas liés à la phase de production en usine. En fait, la direction de Toyota a échoué à mettre en pratique le credo qu'elle martèle depuis très longtemps à ses ouvriers, affirme

Anand Sharma, directeur du cabinet conseil TBM Consulting Group. « Les gestionnaires de Toyota n'ont pas répondu aux premiers signaux [premières plaintes]. C'est à ce moment-là qu'ils auraient dû identifier les causes [des problèmes] », précise M. Sharma, qui enseigne le toyotisme aux entreprises.

Le président de Toyota, Akio Toyoda, a reconnu que son entreprise avait « échoué à faire le lien » entre le problème de pédale, apparu en Europe en décembre 2008, et le même dysfonctionnement aux Etats-Unis qui a entraîné un rappel massif de véhicules. En Europe, l'erreur avait été corrigée.

Cet épisode amène à plusieurs réflexions.
Même s'il s'agissait d'une évidence pour certains, cette série de perturbations confirme qu'il n'y a pas de modèle de management parfait. Le « maître » Toyota lui-même rencontre des problèmes importants de qualité sur ses produits finaux, liés à la conception même de certains organes.

L'analyse des problèmes rencontrés par Toyota alimente d'ores et déjà les débats d'experts. Toyota s'est-il « écarté » de sa propre philosophie ? A-t-il échoué dans sa capacité à maintenir un nombre suffisant de personnels formés aux méthodes de travail de Toyota ? Toyota doit-il revenir à... ou se réorienter vers... ? Interrogations de spécialistes, qui trouveront leur dénouement lorsque Toyota lui-même apportera ses réponses.

Une question peut nous sembler plus intéressante.
Et si le Lean poussé à ses extrêmes en tant que système global, bien au-delà des outils d'amélioration et des concepts de base, conduisait à des difficultés qui lui seraient propres ?
La somme des outils déployés et une standardisation excessive ne finiraient-elles pas par étouffer l'Homme, par

mettre en difficulté sa capacité de discernement, par limiter son esprit critique ?

Le Lean poussé à son déploiement maximal permet-il de s'approcher de la perfection des fonctionnements de l'entreprise ?

Là est la question. Et c'est sur ce point précis que le doute émerge depuis quelques années.

D'autres voix s'élèvent, cette fois sur les pages des journaux ou les blogs de la Toile, pour s'interroger sur, voire critiquer, le modèle managérial de Toyota.

Dans un article du 28 mars 2008, La Voix du Nord exprime la critique[26] : « *Toyota il est beau, Toyota il est gentil. Arrivés avec le nouveau siècle comme le sauveur d'un bassin d'emploi exsangue, le constructeur japonais et sa nouvelle usine plantée à Onnaing [Valenciennes] n'échappent plus aujourd'hui au vent des critiques d'un système de production et de méthodes de management. Le fameux « Toyotisme ». Sans parler des condamnations pour discrimination syndicale, accumulées en un an près la cour d'appel de Douai...* »

Plus loin, l'article fait le lien avec le livre du journaliste Satoshi Kamata « *Toyota, l'usine du désespoir* »[27], écrit en 1973 et réédité en 2008. Satoshi Kamata s'était fait embaucher pendant cinq mois comme intérimaire au sein de l'usine de Nagoya et raconte cette expérience. *C'est le récit aussi précis qu'une incision au scalpel de ses [...] huit heures par jour, souvent bien plus, à appliquer strictement la doctrine de*

---

[26] http://www.lavoixeco.com/actualite/Secteurs_activites/Automobile/Constructeurs/article_601138.shtml, *Laurent Breye.*
[27] « *Toyota, l'usine du désespoir* », de Satoshi Kamata. *Éditions Demopolis.* www.demopolis.fr.

management en place chez Toyota. [...] De quoi casser un homme en quelques années. »

Et le journaliste de conclure son article par un cri d'alerte :
« *Maladies du « surtravail », multiplication des TMS (Troubles musculo-squelettiques), souffrance, maltravail... Voilà un livre qui nous plonge au cœur d'une réalité, toute proche, et qui nous entoure dans le Valenciennois. Celle des cadences dans l'industrie automobile. Tous les délégués CGT d'entreprises comme Sevelnor, MC ou SMAN sont d'accord : « Partout, il y a une intensification de l'organisation du travail, avec une concentration des postes pour augmenter la productivité. » Il nous replonge aussi dans une actualité brûlante : le suicide, en 2007, de trois ingénieurs du Technocentre de Renault et de cinq ouvriers dans l'usine Peugeot de Mulhouse.* »

Comme le souligne un internaute[28] qui s'interroge sur le Lean : « *un ami passionné et connaisseur du monde oriental m'a ouvert les yeux sur la mentalité japonaise en me conseillant de voir « Stupeur et tremblements » [film français d'Alain Corneau de 2003, basé sur le livre éponyme d'Amélie Nothomb], pour comprendre la gestion des hommes (et des femmes...) dans les entreprises japonaises...* »

Le toyotisme ne serait donc pas « la » vérité absolue et universelle ?

---

[28] *bernardsady.over-blog.com - Bernard Sady, 25 années d'expérience industrielle.*

Chapitre 4 - Illustration concrète : quelques exemples de mise en place du Lean

Il était nécessaire, dans les pages précédentes, de faire l'historique de la naissance du Lean et de ses concepts, de décrire les principes théoriques sous-tendus et d'évoquer des termes spécifiques.

Mais comment reconnaît-on une entreprise, un secteur qui ont mis en place le Lean ou, tout du moins, certains de ses outils ?

Nous l'avons vu, ce qui caractérise le Lean par rapport aux efforts « normaux » d'amélioration d'une entreprise, ce sont :
- Une démarche structurée et coordonnée au niveau du secteur de l'entreprise où elle s'implante. Lorsqu'un service ou une entreprise « passe » en Lean, l'espace est investi par le Lean.
- L'utilisation d'outils et de méthodes spécifiques : tableaux d'indicateurs, rangement des ateliers et des bureaux, chantiers de résolution de problèmes, management visuel avec les résultats obtenus...
- La mise en place de programmes de formation dédiés, l'assistance d'équipes de déploiement (consultants, équipes projet internes).

Nous allons présenter dans ce chapitre des exemples d'implantation de Lean dans trois secteurs très différents : industrie, services, hôpital.

Ces exemples permettront d'illustrer une méthodologie et des outils spécifiques au Lean, de permettre de reconnaître et d'identifier les traces comme une sorte de « signature » d'un Lean qui ne s'annonce pas toujours.

Exemple 1 : une industrie manufacturière

L'exemple que nous allons vous présenter est celui d'un Groupe occidental de taille mondiale, qui conçoit et fabrique des engins de manutention pour la construction. Un engin est un produit constitué d'un ensemble très important de pièces de tailles diverses, qui doivent être usinées, peintes, assemblées.

La fabrication est très variée car le nombre de modèles est important et chaque fabrication constitue quasiment du sur-mesure pour le client.

Le Groupe a décidé la mise en place du Lean à partir de 2005, dans le but d'améliorer son niveau de qualité, fluidifier sa production et réduire ses stocks. Pour cette entreprise, l'enjeu du Lean est d'améliorer la maîtrise des flux de fabrication de pièces afin de renforcer sa compétitivité sur un marché très concurrentiel.

Le mode de déploiement décidé par le Groupe est relativement peu contraignant. Il appelle au dynamisme local des sites pour s'engager dans une méthodologie jugée « intéressante » et évaluer le potentiel de certains outils du Lean : mise en flux tirés, mise en ordre des ateliers avec le 5S, amélioration du pilotage par les indicateurs…

Le cas qui va nous intéresser concerne l'un des sites en Italie qui va aller bien au-delà d'une simple utilisation d'outils du Lean et mettre en place une démarche d'ensemble.

Le site est de petite taille (une soixantaine de salariés en 2005), ce qui montre que le Lean n'est pas réservé aux sites industriels dont les effectifs dépassent le millier de salariés. Il s'agit d'une entreprise traditionnelle de fabrication d'éléments mécaniques, avec des profils d'organisations et de salariés classiques de PME.

Le projet a été porté en interne par deux personnes, qui se sont immédiatement intéressées à la méthodologie : le directeur du site et le responsable d'atelier. Sur un site de cette taille, il est important de constater que le projet a été pris à « bras-le-corps » par les deux plus hauts responsables du site, sans interférence extérieure.

Le contexte est très favorable en 2005 : le marché des engins de manutention pour la construction, fortement cyclique et dépendant du marché du bâtiment, est en phase montante d'activité. Ceci veut dire que tout gain de productivité pourra être absorbé par un surcroît de volumes que le Groupe allouera au site.

Le fonctionnement de l'usine en 2005 est très traditionnel, quasi artisanal. Le savoir-faire est grand dans les métiers de la mécano-soudure, de la peinture et de l'assemblage, mais l'organisation semble anarchique et le respect des plannings tenir d'un petit miracle de débrouillardise permanent. Comme nombre d'entreprises italiennes, celle-ci s'appuie sur un réseau local de sous-traitants très réactifs.

Au sein du Groupe, le niveau de performance du site est dans la moyenne, ce qui est jugé cependant largement perfectible : le nombre de pièces manquantes à la livraison est trop important pour garantir une satisfaction élevée des clients, les niveaux de stocks sont très importants, les délais de livraison acceptés peu respectés.

En cinq années de travail, le fonctionnement et la morphologie du site vont totalement changer.

Tout d'abord, les ateliers passent en flux tirés : depuis la commande client, le schéma de production est tiré par l'aval. Il passe par l'atelier final de retouches peinture / conditionnement, remonte vers l'assemblage, puis la peinture, puis l'assemblage des sous-ensembles et, pour finir, l'atelier le plus en amont : l'usinage des pièces.

Ce mode de fonctionnement révolutionne la culture du site et les ateliers ne fabriquent plus coûte que coûte, quitte à stocker de façon anarchique des pièces en attente d'une disponibilité de la phase suivante. Le changement est rude au départ et la culture de la production à tout prix fait place à une notion perturbante : parfois, l'atelier stoppe la fabrication...

Les relations aux sous-traitants sont modifiées de fond en comble : les livraisons sont désormais quotidiennes et uniquement sur besoin (système de Kanban), des aller-retour sont mis en place avec des supports adaptés permettant d'éviter les erreurs (principe des détrompeurs).

Exemple de tableau de Kanban indiquant les besoins de pièces à l'aide de fiches colorées : les fiches au-dessus des lignes bleues signalent un besoin de réapprovisionnement en pièce amont. Source : Secafi

Exemple de contenant pour les sous-traitants servant de détrompeur : pour une fabrication donnée, un certain nombre de tubes de longueurs et diamètres variables est nécessaire.

Auparavant, les tubes étaient livrés en cartons, ce qui ne permettait pas de constater aisément les pièces manquantes. Ce support a été mis au point avec les opérateurs. Source : Secafi.

En complément du travail sur les flux, les ateliers ont connu le 5S et des zones de marquage ont été matérialisées pour le rangement des outils, des véhicules de manutention et des pièces en attente. Les bâtiments ont été repeints, des sols aux plafonds. L'environnement de travail en a été profondément amélioré.

Application du 5S : zone de marquage au sol pour un support de transport de pièces peintes. Source : Secafi.

Application du 5S : atelier rangé et repeint

Par ailleurs, les flux autour des ateliers ont été réorganisés : création de supports mobiles contenant les kits de pièces nécessaires à la fabrication, mise en place d'un couloir pour le passage d'un train logistique.

Couloir logistique pour la distribution des pièces nécessaires à la fabrication. Source : Secafi

En cinq ans, les performances industrielles se sont nettement améliorées : le taux de pièces manquantes sur les engins livrés est passé de 7,8% en 2005 à 1,46% en 2009 (soit une division par plus de 5 de cet indicateur qualité et satisfaction client essentiel dans cette activité). Le taux de rotation des stocks de Matières Premières est passé de 9 à 15 rotations par an, soit une amélioration de plus de 66%.

Le site italien est devenu une référence de la démarche Lean au sein du Groupe et la production allouée au site a augmenté de 17% entre 2005 et 2007, pendant que les effectifs augmentaient d'environ 10%.

Cette expérience est exceptionnelle à plus d'un titre et les salariés du site soulignent certains points essentiels à leurs yeux :
- Le Lean sur leur site a toujours été présent et vécu comme une démarche d'amélioration. A ce titre, ils n'ont ressenti **aucune pression du Groupe** et il n'y avait **aucun objectif de progrès chiffré.**
- La **démarche a été totalement portée en interne**, par des **responsables connaisseurs de l'activité**, qui se sont formés et ont adapté les concepts du Lean aux besoins du site.
- La période était **très porteuse d'un point de vue économique** et les gains de performance ont pu se traduire en une **augmentation des volumes de production et des effectifs.**
- La spécificité italienne de tissu local de sous-traitants a été un plus pour la mise en place de boucles courtes sur les approvisionnements.

Cependant, les conditions exceptionnelles, réunies dans l'exemple qui vient d'être présenté, sont loin d'être généralisées.

Nous avons malheureusement rencontré de nombreux exemples nettement moins réussis, pour des raisons qui méritent l'attention :
- L'immense majorité des projets Lean traduit, d'une manière ou d'une autre, les objectifs d'amélioration et de réduction des gaspillages **en gains quantifiés, sous un délai donné, et les intègre aux budgets prévisionnels.**
- Le projet **n'est que très rarement réellement réapproprié par les équipes opérationnelles et le déploiement est fréquemment porté par des équipes qui ne connaissent qu'imparfaitement les personnels et les spécificités de l'activité du service ou de l'entreprise.**
- Le Lean est majoritairement déployé **dans des contextes où les gains de fonctionnement et de performance ne pourront être compensés par un accroissement des volumes d'activité, conduisant dès lors à une problématique de gestion de l'emploi.**

Dès lors, de tels exemples se réduisent à un outil de gestion de l'entreprise et ne peuvent aborder les dimensions du mode de pensée et de la philosophie originelle du Lean.

Les salariés que nous avons interviewés dans ce cadre expriment clairement **qu'ils ne peuvent adhérer à ces projets porteurs d'impacts négatifs sur l'emploi de leurs collègues et des générations futures.**

Ils soulignent également **leur souffrance de voir leur travail évoluer dans un sens qui ne leur convient pas et de subir un**

mode de management de l'entreprise qui rompt avec une éthique à laquelle ils aspiraient.

Exemple 2 : une assurance mutualiste

Dans cet exemple, nous allons pouvoir illustrer la mise en place d'un projet Lean dans une entreprise du tertiaire. Secafi est intervenu pour assister les représentants du personnel dans l'analyse des problématiques, dans le cadre d'une expertise demandée par le CHSCT (Comité d'hygiène, de santé et des conditions de travail).

Cet exemple concerne une caisse régionale couvrant plusieurs départements, au sein d'un Groupe leader de l'assurance mutualiste en France. Le périmètre de la caisse concernée représente environ 1 700 collaborateurs, se répartissant sur 6 sites de gestion, 200 agences et 450 caisses locales.

Le projet Lean Six Sigma s'inscrit dans un projet d'ensemble initié en 2007. Le Groupe d'assurance a considéré que les outils du Lean sur l'amélioration des flux et de la chaîne de la valeur pouvaient s'adapter à ses activités et que le Lean n'est pas réservé aux entreprises industrielles.
Les flux identifiés sont ceux du traitement des dossiers de déclarations de sinistres, qui se répartissent en fonction de leur type (accident de la circulation, sinistre immobilier...), de leur complexité et de la présence ou non de dommages corporels.

La direction présente les objectifs de la démarche comme devant conduire à l'amélioration de la qualité du service rendu aux clients par un recentrage des processus sur les attentes des clients.

Si les axes de travail principaux ont été clairement affichés, la quantification des objectifs à atteindre par thématique n'a pas été communiquée au CHSCT, ni au personnel.

Cependant, le retour d'expérience, liée à la mise en place du Lean dans les autres caisses du Groupe depuis 2007, semble indiquer des gains de productivité supérieurs à 20%, réalisés principalement sur le poste main-d'œuvre. Cette information est connue du CHSCT, toutefois sans plus de détails (sur chaque caisse, sur les situations réelles, sur les conditions de déroulement…).

Concernant la mise en place du projet, les méthodologies ont été analogues à nombre de projets Lean conduits en industrie :
- Mise en place d'une période de test sur un département pilote du siège, dans un calendrier contraint de 12 semaines, devant conduire ensuite à un déploiement accéléré sur 15 autres domaines.
- Mise en place d'outils de management visuel :
    - Un planning de présence de l'équipe.
    - Des indicateurs d'activité et de stock :
        - Déclarations : reçues, ouvertes, stocks.
        - Transferts : reçus, traités.
        - Courriers et assimilables : reçus, traités, stocks.
        - Téléphone : entrants reçus, entrants et sortants déclarés, taux de réponse.
        - Total des actes : révisions, relances, courriers, déclarations, téléphone.
    - Le relevé et le suivi des problèmes identifiés par l'équipe.
    - Des communications et informations ponctuelles.

- Mise en place d'une réunion quotidienne dans chaque équipe, animée par le responsable (objectif de 15 mn). Elle prend appui sur les indicateurs affichés et aborde systématiquement : la revue de performance, l'enregistrement et l'avancement des problèmes rencontrés ainsi que les communications diverses à l'équipe.
- Application du rangement 5S dans les bureaux.
- Lancement d'un atelier de travail sur les flux : création sur le courrier entrant d'une séparation entre déclarations, selon le type de sinistres, et réflexion sur l'organisation nécessaire au traitement : compétences, objectifs quantitatifs (temps de traitement / personne / heure).

Sur la base des premiers constats réalisés pendant la période de test dans le département pilote, la direction a décidé de mettre en place plusieurs modifications :
- **Un nouveau découpage organisationnel** des équipes, suite au travail sur les flux, avec une spécialisation selon les types de sinistres. Auparavant, chaque salarié traitait un peu tous les types de sinistres.
- **Réimplantation de l'une des équipes sur un plateau « ouvert »** (avec mobiliers, systèmes et archives). Auparavant, les personnels étaient installés dans des bureaux traditionnels, regroupant chacun 2 ou 3 salariés.
- **Suppression d'un poste sur l'une des équipes** (effectif théorique : 15). Il s'agit d'un poste vacant depuis 6 mois, suite à un départ. La décision officielle a été de ne pas remplacer le salarié parti, par anticipation des gains de productivité à venir dans le cadre du Lean.

Dans le cadre de cette expertise, nous avons interviewé la quasi-totalité des salariés du département pilote. Les points qu'ils soulignent :
- Les **conditions de déroulement du test ont été très difficiles**, du fait d'un contexte conjoncturel de charge élevée (sinistre climatique exceptionnel, solde de congés) et de la charge liée au projet Lean. Dès lors, la surcharge a été excessive et a dégradé la capacité du collectif à accompagner positivement les évolutions demandées.
- Les **décisions de modifications organisationnelles prises en cours de test**, alors que la situation était dégradée et en anticipation d'améliorations hypothétiques, **inquiètent les salariés quant à une dégradation des conditions de travail**. Une salariée dit : « On met la charrue avant les bœufs ! Et qui trinque si ça ne marche pas ? Pas ceux qui ont décidé... ».
- La **décision de non-remplacement d'un poste au sein d'une équipe**, alors que les gains n'ont pas été réalisés, a instauré un énorme malaise au sein des équipes. **Tout le monde s'interroge désormais sur le nombre de postes supprimés à terme dans les équipes et sur le traitement réservé aux salariés** (quels critères de « sélection » de ces salariés, où seront-ils reclassés, comment seront-ils accompagnés ?).
- **De nouveaux standards quantitatifs** sont en cours de mise en place. Désormais, chaque équipe dispose d'un temps de traitement des déclarations. **Ces nouvelles normes inquiètent les salariés car elles leur semblent irréalistes et ne correspondent pas à un travail de qualité**. Un salarié : « Répondre à un client traumatisé, ce n'est pas quantifiable en temps ». Un autre : « Avant on s'entraidait quand un collègue prenait du retard. Demain ? ».

L'exemple qui vient d'être présenté souligne que **l'application du Lean dans les activités de Services pose certaines difficultés, notamment sur la « valeur ajoutée » des tâches et l'interprétation du sens donné au travail.**

Dans les métiers de l'assistance à la clientèle (plateaux téléphoniques, guichets...), la standardisation des outils et la mise en place d'indicateurs de rendement (parfois affichés en temps réel) pour les conseillers conduisent généralement à des règles fixant des temps impartis à passer par client.

Ces évolutions peuvent conduire à une très grande insatisfaction des clients et des conseillers du fait d'un déséquilibre entre attente et règle et à une montée importante de la conflictualité si la relation client / conseiller est visuelle. Et la situation de travail très dégradée pour les conseillers peut conduire à une grande souffrance.

Plus généralement, c'est toute la question de la valeur du travail dans une activité de Services qui est interrogée. Et de savoir s'il est possible de réduire mécaniquement cette activité à une succession de traitements de tâches, ce qui permet dès lors aux décideurs de dire que le Lean est applicable.

Nous pouvons en douter...

Exemple 3 : un hôpital

Avant de présenter un exemple dans ce secteur, revenons sur la situation du secteur hospitalier et le Lean appliqué dans ce contexte.

Daniel T. Jones, créateur du mot « Lean » avec James P. Womack, le dit clairement dans une lettre traduite et publiée le 8 mai 2006[29] :

« *Le prochain grand secteur économique à entamer son voyage* Lean *est celui de la santé.*

Le modèle actuel, dans lequel le médecin hospitalier, se comportant comme un artisan spécialisé, gère de fait sa propre liste d'attente de patients, de soins et d'opérations à l'intérieur d'un hôpital généraliste, géré selon les règles de la production de masse par quelqu'un d'autre, touche à sa fin.

Nous devons créer une vision de ce que cela signifie d'être un médecin Lean*, ce que cela veut dire de gérer une organisation « Lean » de production de santé et comment le contexte doit changer pour aider à amener ces transformations.* ».

Il ajoute que : « *Au final, les services de santé et la fabrication ne sont pas très différents. Le vocabulaire et les voies de la transformation peuvent différer, mais les principes* Lean *fonctionnent partout* ».

Il indique cependant que « *la différence la plus importante entre les services de santé (et la plupart des services) et l'industrie, c'est que le patient est présent pendant la majeure partie du processus ; en effet, le patient est le produit et le but de l'activité est de résoudre son problème.* »

Dans un contexte de crise économique et d'augmentation des dépenses de santé, les autorités politiques ont modifié

---

[29] *Site internet www.lean.enst.fr : « Comment transformer les services de santé grâce au Lean ? ».*

progressivement, ces dernières années, les règles de fonctionnement des établissements de santé.

Le cadre de plus en plus contraignant de restriction budgétaire, de sécurité, de qualité des soins, dans un contexte de remplacement partiel des départs à la retraite, a mis l'hôpital dans une situation de fonctionnement très délicate.

De la lettre de Daniel T. Jones à ce constat généralisé et désenchanté, il n'en fallait pas plus pour que le secteur hospitalier devienne l'une des dernières terres de conquête du Lean.

Plus aucun colloque de spécialistes du soin, sans que ne soit proposé un exposé sur un exemple « réussi » de Lean dans un secteur hospitalier (on voit même apparaître le terme de « Lean Healthcare[30] » !), plus un seul cabinet conseil sur le Lean qui n'investisse ce secteur.

Le patient est en première ligne des préoccupations annoncées. Voici ce qu'indique une publication d'un cabinet conseil, mise en ligne sur Internet en février 2009 :

« *La démarche Lean remet, en premier lieu, les attentes du patient au centre de la démarche d'amélioration de l'hôpital : Obtenir un rendez-vous rapidement, comprendre les conséquences de son traitement, savoir quand sa sortie va avoir lieu, pouvoir choisir ses repas, etc. ne sont plus des contraintes non satisfaites, mais des moteurs de changement de l'organisation de l'hôpital.* ».

Et le Lean semble être le bras armé d'une volonté farouche d'éradiquer tous les maux de l'hôpital. Dans cette même

---

[30] *« Lean Healthcare », que l'on peut traduire en « Lean pour le soin ».*

publication sur Internet, le vocabulaire est guerrier : « *Deuxièmement, elle [la démarche Lean] permet à ceux qui sont chargés de répondre aux attentes des patients de la faire dans les meilleures conditions en :*
- *Traquant systématiquement toutes les tâches sans valeur ajoutée du point de vue du client.*
- *Réagissant systématiquement face à toute dérive de la qualité : zéro défaut accepté.*
- *Recommençant sans cesse cette recherche de la perfection.* »

Les exemples de démarches Lean dans les hôpitaux sont désormais légion, qu'ils soient publics ou privés. Et preuve (s'il en était besoin) de l'espérance portée en la méthode : des crédits exceptionnels - dans la forme et l'importance - sont alloués...

Nous allons détailler l'action qui s'est déroulée en 2008 sur le Plateau Médico Technique (les blocs opératoires) d'un Centre d'Hospitalisation Privé.

Dans sa publication accessible sur Internet, le CERCLH, Centre de Recherche et de Compétences en Logistique Hospitalière (plateforme de l'université Jean Monnet de Saint Etienne), décrit son intervention dont le but est selon lui « d'aider à la restructuration ou à l'amélioration de la performance des hôpitaux ».

La problématique est présentée comme la suivante : dans les blocs opératoires, le geste chirurgical est considéré comme la valeur ajoutée du processus et l'amélioration de la performance concernera les actions amont (préparation des instruments et du patient) et aval (réalisation du pansement et remise de la salle à disposition).

Processus amont et aval dans le cadre d'une intervention chirurgicale. Source : CERCLH

En outre, il est clairement indiqué que l'Infirmier Diplômé d'Etat (IDE) est une « ressource critique » (au sens des compétences associées au diplôme)[31].

Le projet Lean concerne l'activité amont de préparation des dispositifs médicaux. Il s'agit des instruments de stérilisation, des prothèses, des consommables de Pharmacie (suture, gants…), du linge opératoire (champ opératoire, tenue de chirurgien…).

Dans sa publication, l'intervenant du CERCLH établit une analyse de la valeur ajoutée sur les tâches, distinguant :
- Celles nécessaires à la réalisation des actes chirurgicaux qui relèvent clairement des **compétences** des Infirmiers Diplômés d'Etat.
- Celles nécessaires à la réalisation des opérations logistiques (liste des produits à déstocker, emplacement, utilisation des outils informatiques…), considérées comme des **connaissances** - par distinction des compétences - acquises par les Infirmiers.

---

[31] *Commentaire : il aurait été plus précis de distinguer les Infirmiers de Bloc Opératoire Diplômés d'Etat (IBODE) et les Infirmiers Anesthésistes Diplômés d'Etat (IADE).*

Le projet va donc consister à analyser le processus logistique de préparation des dispositifs médicaux et chercher à l'optimiser en supprimant les gaspillages. Pour cela, plusieurs outils du Lean sont utilisés :

- Mise en place d'un rangement codifié (sur une base numérique et non alphabétique).
- Mise en ordre des lieux de stockage avec un 5S.
- Séparation des zones de stockage par utilisation de couleurs différenciatrices présentées comme détrompeurs.
- Standardisation du travail avec la mise en place d'une fiche de préparation d'intervention, comportant la liste des dispositifs médicaux nécessaires.
- Création d'une procédure pour déstockage urgent (classement alphabétique, trié par type de conditionnement, un listing par stock), permettant au personnel n'ayant pas une forte connaissance du matériel de la spécialité de remplir la tâche.

Les conclusions de cette intervention sur la gestion du matériel chirurgical, que le CERCLH cherchera ensuite à transposer à d'autres établissements hospitaliers, sont présentées de la façon suivante :

- *« Ce projet doit permettre une qualité et une vitesse d'exécution optimales dans les tâches de stockage (rangement) et de déstockage (cueillette, préparation d'intervention).*
- *Ceci avec une formation minimale, inférieure à une heure et sans qualification particulière.*
- *La mise en œuvre de ce projet permet de garantir une forte polyvalence des infirmières, à moindre coût, et offre également la possibilité de transférer ces tâches logistiques, des infirmières de bloc*

> *opératoire (IDE) à des Agents des Services Hospitaliers (ASH), dont le coût horaire est inférieur et dont le recrutement est moins critique[32].*
> - *L'objectif ultime est de pouvoir augmenter le nombre de gestes chirurgicaux, en réalisant un ensemble de tâches logistiques en temps masqué.*
> - *La « ressource chirurgien » doit donner le rythme (et non les ressources « infirmières »). »*

Cet exemple montre que le contexte difficile du secteur hospitalier - pression sur la maîtrise des coûts, remplacement partiel des départs en retraite, nombre de places limité dans les IFSI (Instituts de Formation en Soins Infirmiers), passerelles de mobilité à développer pour les Agents de Service vers les métiers d'Infirmiers - en a fait une terre d'expérimentation du Lean.

Les méthodologies de conduite de projets Lean dans les hôpitaux tentent de transposer les outils mis au point par Toyota : chaîne de la valeur ajoutée sur les tâches, 5S, détrompeurs, standardisation du travail.

Toutefois, il nous semble que certaines interrogations émergent.

Ainsi, premier élément de réflexion dans cet exemple : la chaîne de la valeur ajoutée ne retient que les critères de compétence et de connaissance techniques (acte chirurgical, logistique). On peut s'interroger sur ce choix alors même que **les collectifs de travail n'apparaissent pas dans cette**

---

[32] Commentaires : là également, il aurait été utile de préciser si l'étude fait référence aux IBODE et/ou aux IADE. En outre, il semble qu'il y ait confusion entre les ASH et les ASD, Agents de Service Diplômés.

approche. De même que pour l'exemple de l'Assurance mutuelle, il semble que le travail soit réduit à des tâches techniques.

Ensuite, **le patient n'est pas présent** dans l'analyse. On ne le voit pas au centre du travail des salariés de l'hôpital. Fait paradoxal, quand on sait que certains promoteurs du Lean dans les hôpitaux[33] rappellent à l'envi que le patient est présent pendant la majeure partie du processus, qu'il est le produit et que le but de l'activité est de résoudre son problème. Ce n'est sans doute pas un hasard si la plupart des exemples présentés concernent le bloc chirurgical où la relation au patient anesthésié est, par définition, réduite au minimum !

Il est impératif que le relationnel au patient, qui fait la spécificité des métiers du soin et construit des collectifs de travail particuliers, soit clairement pris en compte dans l'analyse de l'activité des personnels hospitaliers.

Celles et ceux avec qui nous avons pu nous entretenir perçoivent ces démarches Lean comme essentiellement orientées vers une recherche d'économies financières et non comme une amélioration des situations de travail.

Ils soulignent la dérive qui, depuis plusieurs années, tente de réduire leur travail à un ensemble de processus techniques et donc de nier dans le même temps les attentes des patients.

L'application du Lean dans les hôpitaux amplifie et accélère cette tendance, bouscule les valeurs d'un personnel qui a une tout autre vision du travail et du patient.

---

[33] *Publication d'un cabinet conseil mise en ligne sur internet en février 2009.*

Le point de vue de Secafi sur ces exemples de Lean

Ces exemples de Lean dans des secteurs différents, ainsi que notre expérience dans le cadre de nos interventions en entreprise, amènent plusieurs commentaires.

Certains éléments de contexte économique de l'entreprise apparaissent comme une condition préalable nécessaire, mais pas obligatoirement suffisante, à la mise en œuvre d'un projet Lean.

En effet, si les gains potentiels de productivité ne peuvent être compensés par une croissance équivalente de l'activité et donc par un maintien a minima des effectifs de l'entreprise, alors les conditions d'adhésion des salariés ne seront pas remplies.

Nous retrouvons ici la notion de contrat social (moral ?) dans la garantie de l'emploi, contrepartie nécessaire de l'adhésion des salariés à un effort d'amélioration.

En clair, il apparaît que le déploiement du Lean ne soit pas compatible avec une diminution des effectifs de l'entreprise, voire du service concerné. S'il est envisagé des transferts de personnels vers d'autres secteurs, la préparation et l'accompagnement devront également être particulièrement bien gérés.

Un autre point de vigilance semble émerger : une trop grande anticipation des résultats attendus vis-à-vis du projet peut mettre en difficulté les salariés au niveau des conditions de travail et instaurer un climat de défiance. Il s'agit de savoir prendre le temps pour accompagner le changement, de ne rien précipiter.

Les exemples de Lean dans les entreprises du tertiaire ou les hôpitaux mettent en lumière une difficulté : la question de la valeur ajoutée du travail effectué.

Et donc celle de savoir si la transposition des outils de Toyota à ces secteurs est possible et, si oui, dans quelles conditions ?

La prudence semble essentielle sur ce point. En effet, un désaccord de fond sur la vision de ce qu'est la mission d'un service, d'une équipe, rendra impossible l'adhésion des salariés à un projet Lean.

Car le désaccord fondamental avec le projet Lean débutera dès l'analyse de la situation existante (cartographie de la valeur ajoutée). Comment adhérer à un schéma cible si l'état des lieux paraît erroné ou tronqué ?

Il est illusoire de construire le Lean sans une vision partagée et donc nécessaire de respecter un contrat moral pour aborder le changement (et pas nécessairement le Lean) dans l'entreprise.

Chapitre 5 - Le déploiement du Lean : risques et dérives

A la lumière des exemples précédents, nous allons aborder dans ce chapitre les difficultés que peut poser le déploiement du Lean.

En effet, nous avons pu constater des différences de déploiement dans l'industrie, dans lesquelles, selon les cas, les salariés peuvent être parfois plutôt satisfaits et souvent nettement mécontents.

Par ailleurs, les tentatives de transposition des outils de Toyota dans les Services ou les hôpitaux méritent une attention particulière, notamment au niveau de la question de la valeur ajoutée du travail.

Plusieurs problématiques différentes seront traitées :
- Un effet de mode qui, en précipitant le mouvement des entreprises vers le Lean, peut conduire à un niveau de préparation insuffisant.
- Un détournement de la méthodologie Lean vers des objectifs à court-terme.
- Une méconnaissance et une « incompréhension » du Lean dans sa dimension stratégique et humaine.

Ces trois dérives potentielles dans le déploiement du Lean conduisent à des risques importants de dégradation des conditions de travail et de la santé des salariés.

Le Lean ou le mode managérial « tendance »

Depuis sa « découverte » il y a un peu plus de vingt ans, le Lean s'est diffusé à une vitesse plutôt lente en France.

Sa mise en place est restée très naturellement et pendant longtemps circonscrite aux métiers de l'automobile (constructeurs, équipementiers de rang 1), dans une recherche d'imitation du « maître » Toyota, dont la réussite ne cessait d'impressionner et d'intéresser.

Les publications d'ouvrages en langue anglaise à partir des années 90 (ainsi qu'un nombre grandissant en français) vont permettre à des industriels curieux de se familiariser avec le Lean. Les premiers exemples de transposition à d'autres industries que l'automobile sont observés.

Toutefois, ces projets étaient majoritairement portés par des hommes convaincus et la démarche fut souvent, même au sein de grands Groupes industriels, une initiative ponctuelle et contextuelle. Les objectifs poursuivis restaient prioritairement centrés sur l'amélioration des fonctionnements et des pratiques. Parfois seuls quelques outils furent testés : 5S, kanban...

Les cabinets conseil de direction se sont familiarisés également avec le Lean, ont proposé leurs services aux entreprises, mais leur présence et leur poids sont restés limités.

Dans les années 1995 à 2000, des exemples de diffusion plus structurée du Lean au niveau de grands Groupes n'ont pas échappé à certains observateurs du monde de l'entreprise, toujours dans le monde de l'automobile.

Le sous-traitant Valeo a formé ses cadres au Système de Production Valeo (SPV développé avec l'aide de Toyota) et servi de véritable pouponnière à une génération de spécialistes opérationnels du Lean en France, qui ont essaimé au gré des changements d'entreprises.

Il en est de même de l'équipementier Michelin qui a baptisé son projet Michelin Manufacturing Way (MMW).

Ce déploiement progressif ne pouvait en rien laisser présager l'explosion du Lean survenue ces dernières années.

Un article du magazine l'Usine Nouvelle, publié en septembre 2008 sous le titre évocateur de « *LE LEAN MANUFACTURING - La méthode anticrise* », illustre parfaitement ce constat. L'auteure Jessy Picard écrit : « *Un avis de gros temps frappe l'économie française. Depuis la crise des subprimes l'an dernier, l'économie est prise d'un accès de déprime.* »

Plus loin : « *Restructurations, rentabilité, productivité... Ces termes reviennent en boucle dans la bouche des dirigeants. Conséquence directe : alors qu'elles étaient un peu tombées en désuétude ces dernières années, les méthodes d'amélioration des performances ont à nouveau le vent en poupe. Kaizen, 5S, Six Sigma, TPM..., les industriels s'enflamment pour ces méthodes aux noms barbares qui permettent de réaliser souvent de spectaculaires gains de productivité. Ces derniers temps, l'une d'entre elles a réussi à s'imposer en intégrant les qualités de ses concurrentes : le lean manufacturing* ».

Les démarches revêtent désormais un caractère obligatoire et sont déployées au niveau de l'ensemble des Groupes, « en Top / Down » ou du Haut vers le Bas. Des objectifs de gains quantitatifs sont assignés dans des délais à court terme.

Des cabinets conseil se sont fait une spécialité de l'accompagnement des entreprises pour la mise en place du Lean et des schémas méthodologiques se sont peu à peu standardisés, sortes de kits de déploiement, présentant une forme de garantie de savoir-faire pour les entreprises.

Un sentiment de « modernité » entoure le Lean, qui est devenu le mode de management dernier cri.

Comme tout effet de mode, celui-ci conduit à un risque de manque de vigilance, de précipitation, de perte du sens des réalités au niveau des entreprises.
L'entreprise peut avoir l'illusion que le projet Lean apportera toutes les réponses à ses attentes et à ses difficultés.

Et s'engager dans un projet de grande ampleur sans en avoir réellement pesé les risques et les conséquences.

Le Lean ou les sirènes des chiffres

Si le Lean dispose d'un tel succès d'estime auprès des entreprises, c'est d'abord à travers l'image de gain important qu'il véhicule.

Des gains spectaculaires sont annoncés sur :
- Les indicateurs de performance : taux de service interne et externe (délais de traitement des tâches…).
- La qualité (erreurs, non-conformes, avoirs, processus dégradés…).
- L'efficacité des circuits administratifs et de traitement des informations.

- L'amélioration du fonctionnement des organisations : capacité de production globale (interne et fournisseurs), respect des processus internes (retards dans l'arrivée des Ordres de Fabrication ou des achats, traitement des non-conformes...) ou encore temps de cycles.

Les chiffres qui sont annoncés (notamment dans les publications sur le Lean) sont spectaculaires : + 30% de capacité de production, réduction de 50% des temps moyens de livraison au client (entre prise de commande et expédition), diminution de 30% des surfaces utiles, gains de 50% sur les flux de traitements de commandes...

Ces chiffres dépassent très nettement les objectifs habituels d'amélioration de la performance que l'on pouvait décemment retenir dans un budget : + 2% de productivité pouvait être perçu comme une cible volontariste !

Nous pouvons cependant nous interroger sur ce que masquent ces chiffres.

Au sujet du succès remporté par la méthode et son déploiement fulgurant, la très grande majorité des experts du Lean (James P. Womack et Daniel T. Jones dans leurs Lettres, Michael Ballé[34]...) s'accorde à dire que **les résultats obtenus dans les tentatives de mise en place du Lean dans les entreprises occidentales sont très souvent décevants, notamment dans l'acquisition d'une méthodologie constructive et pérenne.**

---

[34] *Michael Ballé : Auteur et consultant, il est le directeur de ESG Consultants. Il est co-fondateur du Projet Lean Entreprise (www.lean.enst.fr). Voir en Annexe pour plus de détails.*

En particulier, la culture dominante dans les entreprises occidentales du **management par objectifs**[35] conduit à se satisfaire de résultats forts en peu de temps.

Affirmer que la mise en place du Lean ne s'est pas suffisamment ancrée dans le long terme va bien au-delà d'une divergence de point de vue. Il ne s'agit pas de dire : « moi je fais du « vrai » Lean et toi, pas... ».

Avec cette culture d'atteinte des résultats à court terme se posent deux questions :

- Celle de **la pérennité du résultat obtenu : les gains constatés à court-terme vont-ils durer, des effets non désirés ne vont-ils pas au fil du temps venir altérer les premiers signes positifs ?**
- Et celle **du coût humain** pour obtenir ce résultat : **la santé des salariés ne va-t-elle pas payer ce gain à court-terme, des maladies ne vont-elles pas émerger, les ressources humaines sont-elles préservées ?**

---

[35] « *La logique sous-jacente au management par objectifs est simple : il est souvent plus simple de définir ce que l'on attend que la manière de l'obtenir. Ne pouvant définir « la » bonne manière de conduire l'activité, en particulier lorsque les projets ou métiers deviennent trop complexes, il est plus simple et plus responsabilisant de s'entendre sur des objectifs et de laisser aux opérationnels le soin de s'organiser pour y parvenir. Si ces objectifs sont atteints, récompensons les individus à l'aide de primes, s'ils ne le sont pas, sanctionnons-les.* » Source : Aurélien Acquier, professeur à l'ESCP Europe et chercheur associé à l'Ecole des mines Paris Tech., sur le site lemonde.fr.

Le « détournement » de la méthodologie Lean vers des objectifs à court-terme

Deming, grand contributeur du modèle managérial de Toyota, déclarait déjà au début des années 90 :

« *En France et aux Etats-Unis, réussir la mise en œuvre du lean n'est pas une tâche aisée. Il ne suffit pas de déléguer un « programme » à des consultants, de fixer des objectifs de productivité au management et d'attendre les résultats. Le Lean est une discipline industrielle qui ne s'acquiert que par la pratique et la persistance. Il ne s'agit pas simplement de « techniques » mais d'une méthode globale de management qui permet de maintenir l'entreprise sous tension créative pour générer toujours plus de valeur en éliminant les gaspillages. Pour ceux qui l'ont appliqué avec succès, le Lean est autant une attitude qu'un savoir-faire.* »[36]

« *Le style de management qui prévaut actuellement conduit l'économie mondiale dans une impasse parce qu'en privilégiant la concurrence et le pouvoir de l'argent, il provoque d'immenses pertes, causes de misère et de chômage. L'alternative que le Lean propose privilégie la connaissance, qu'il considère comme la plus importante ressource. Par conséquent la politique de l'entreprise doit être de développer la connaissance dans un climat de coopération.* »[37]

---

[36] *Préface à la deuxième édition française de « Système Lean. Penser au plus juste de Jim Womack et Dan Jones (2005) ». Michael Ballé, ESG Consultants et Godefroy Vallet, Télécom Paris, site :*
http://www.lean.enst.fr/wiki/pub/Lean/LesPublications/PrefaceSystemeLean.pdf.
[37] *Biographie de Deming, site http://www.fr-deming.org.*

Dans ces deux déclarations, Deming précise ce qu'est selon lui la philosophie d'origine du Lean.

Cependant force est de constater que beaucoup trop souvent, le projet Lean s'écarte clairement du point de vue de Deming, pour être utilisé dans l'entreprise comme un outil de management par la rupture et n'a pour but que l'atteinte à très court terme de bénéfices économiques.

Nous avons observé que, dans ces cas, la communication peut prendre une tournure guerrière : « éradication », « suppression », « vague Lean »…, et la pression sur les résultats conduire à un management par la terreur sur toute la ligne hiérarchique, dans un mode en cascade.

De tels projets présentent des caractéristiques très particulières et reconnaissables : délais uniquement à court terme, méthodologie Lean réduite à des chantiers Kaizen de quelques semaines, objectifs d'amélioration de la productivité à deux chiffres, suppressions de postes…

Les outils d'accompagnement à la mise en place (préparation, formation, gestion prévisionnelle des compétences…) sont généralement réduits à la portion congrue, même si le discours tente de masquer ce vide.

Autant dire que ces projets **n'ont que peu à voir avec la philosophie d'origine du Lean…**

Ces exemples de dérives - hélas très nombreux - soulignent enfin **une faiblesse chronique du système de formation et d'intégration des futurs dirigeants et cadres d'entreprise**, mal

« outillés » pour appréhender la dimension humaine dans le management et les effets de leurs décisions sur les hommes.[38]

Ce **détournement** de la méthodologie Lean pose la question de fond d'une évolution du mode de management des entreprises vers une recherche de résultat financier uniquement court-termiste. Et celui de **la responsabilité sociale - ou sociétale - des entreprises dans l'accompagnement au changement.**

Une méconnaissance et une « incompréhension » du Lean dans sa dimension stratégique et humaine

Ce qui a pu se mettre en place dans les entreprises japonaises s'appuie (s'appuyait ?) sur un contexte culturel particulier : sentiment d'appartenance à l'entreprise, obéissance, négation de l'individu face au groupe, en contrepartie d'une garantie de l'emploi.

En outre, la longue mise au point - sur plusieurs décennies - des concepts et des outils avait permis aux organisations et aux hommes **une « acclimatation » progressive** au Système de Production Toyota.

Les échecs rencontrés dans les tentatives de mise en place du Lean sont donc largement liés à une problématique de culture très différente. **L'Occident est un monde de performance à court terme, de prérogative décisionnelle, d'effets de mode managériale.**

---

[38] *Voir à ce propos le rapport du professeur Dab sur la formation des managers et ingénieurs en santé au travail, juillet 2008.*

Le débat sur la notion de « culture » passionne et fait rage sur les forums d'Internet. Au-delà du terme, c'est la transposition à l'identique du modèle Toyota, sans autre précaution, qui est interrogée. Et **la dangerosité intrinsèque d'un raccourci qui nie les spécificités de fonctionnement préexistantes dans l'entreprise.**

Une erreur majeure intervient fréquemment dans la tentative de mise en place du Lean : **la sous-estimation de l'héritage** de l'ancienne organisation, des fonctionnements, de la culture d'entreprise et **la non-prise en compte des différences très importantes entre les systèmes éducatifs japonais et français - et les liens constatés sur le fonctionnement hiérarchique**[39] -.

En méconnaissant, voire en ne comprenant pas, les notions inhérentes au Lean que sont la progressivité, l'apprentissage et la construction de l'adhésion des hommes, les entreprises françaises prennent le risque de perturber leurs organisations.

La mise en place d'une démarche Lean en France va percuter la culture organisationnelle, généralement d'essence très taylorienne.

En tentant de « copier / coller » le modèle organisationnel japonais sur un système insuffisamment préparé, **les lignes hiérarchiques vont être fragilisées et les systèmes de régulation des salariés vont se trouver remis en cause. La notion même de reconnaissance et de respect de l'autorité pourra être bousculée.**

---

[39] Id. page 39.

Avec le Lean, **les rôles du responsable hiérarchique et de l'opérateur** doivent être profondément modifiés.

Ainsi, le centre de décision opérationnelle doit, réellement, se déplacer vers les unités (ou équipes) autonomes sur le terrain.

La hiérarchie intermédiaire (ou manager de premier niveau) devient donc un animateur de la participation « positive » des opérateurs dans l'amélioration des processus, un mobilisateur des savoir-faire de progrès.

De même, les fonctions support (méthodes, qualité…) doivent transmettre leur savoir aux équipes opérationnelles et basculer vers un fonctionnement d'animation plutôt que de définition de standards et de méthodologie de travail.

Le saut « culturel » à réaliser concernant le rôle hiérarchique est généralement énorme et pose de très grandes difficultés, exigeant vigilance et, surtout, temps.

Ainsi, le repositionnement hiérarchique doit commencer par la direction (sur site et hors site). Or, nous avons pu constater que la façon de piloter le changement, avec une mise en place autoritaire du Lean, contredit fréquemment cette attente !

Le nouveau positionnement attendu pour la hiérarchie bouscule les repères et fait appel à des compétences totalement différentes.

Le modèle traditionnel hiérarchique en France s'appuie historiquement sur la reconnaissance d'un savoir-faire technique du « chef » : connaissance des procédés et des gestes, des cahiers des charges techniques, capacité de prise de décision sur une difficulté...

Dans le Lean, la prise de « recul » et le déplacement attendu au niveau de la hiérarchie - basculement vers un rôle de superviseur - peuvent mettre les hommes concernés en grande difficulté, d'autant que l'accompagnement en Ressources Humaines est généralement largement insuffisant (formation, entretiens individuels, suivi...).

Par ailleurs, **la notion d'autonomie donnée aux opérateurs est généralement tronquée**, tant elle bouscule des décennies de prérogatives décisionnelles détenues par la hiérarchie.
Notamment, la recherche d'adhésion aux décisions pilotées par la hiérarchie conduit inéluctablement à la défiance des acteurs et à l'échec de la méthodologie.
L'exemple le plus fréquent est la conduite des chantiers Kaizen, au sein desquels les animateurs (externes ou internes) ne peuvent s'empêcher d'amener le groupe vers « leur » solution...

Le salarié est dès lors mis en **situation d'injonction contradictoire**, très perturbante et porteuse de risques psychosociaux : celle de **devoir se montrer « créatif, innovant, original » dans un cadre très encadré et piloté**.

Ainsi, l'introduction sans précaution suffisante du Lean dans une entreprise fait porter un risque majeur de perturbation pour **des hommes habitués, éduqués, formés à un fonctionnement culturellement aux antipodes de celui attendu**.

Et l'argument trop fréquent d'un changement qui devrait être imposé afin de vaincre la fameuse « résistance » [au changement] est, à n'en pas douter, le moins adapté et le plus dangereux pour la santé des hommes.

Toyota en difficulté avec son propre modèle ?

Même Toyota s'est trouvé récemment en grande difficulté avec des problèmes de non-qualité qui amènent des questions sur son modèle.

Annoncé fin janvier 2010, un total de près de 4,63 millions de véhicules Toyota vendus dans le monde sont visés par un rappel au sujet de la **pédale d'accélérateur** qui peut rester bloquée en position enfoncée (dont 1,7 million a déjà été rappelé pour un problème de tapis).

L'affaire de la pédale d'accélérateur fait grand bruit. Troisième plus grand rappel de l'histoire de l'automobile (les deux plus importants étant le fait de Ford), plusieurs problèmes de conception frapperaient le récent leader mondial de l'automobile.

Les organismes d'état et politiques américains se sont emparés du sujet, la situation s'est médiatisée, au point de devenir très embarrassante. Le PDG de Toyota, Akio Toyoda, héritier du fondateur, réagit publiquement début février 2010 :

« Je suis profondément désolé du dérangement et des craintes causés aux clients en raison des rappels dans de nombreuses régions. Je m'adresse maintenant au public car les clients s'inquiètent de savoir si leur voiture est ou non en bon état et je ne voulais pas les laisser dans cette inquiétude tout au long du week-end. Quelle que soit la personne qui parle, que ce soit le président, le vice-président ou qui que ce soit d'autre,

c'est toujours la voix unique de Toyota. C'est une période de crise pour Toyota, mais afin de regagner la confiance des clients, Toyota va devoir resserrer les rangs et coopérer de façon étroite avec ses concessionnaires ».

Il a dû également répondre au secrétaire d'Etat américain aux Transports, Ray LaHood, ainsi qu'au Sénat américain. Et présenter ses excuses aux actionnaires du Groupe...

Tout en restant conscients que le problème a largement dépassé le cadre de l'accident industriel - Toyota ayant probablement fait montre d'une certaine naïveté ou d'un complexe de supériorité dans l'univers impitoyable américain -, il n'en reste pas moins vrai que l'entreprise japonaise a montré qu'elle avait ses propres défauts.

Comme l'analyse James P. Womack, connaisseur s'il en est de Toyota : « Elle [l'entreprise] a développé ses capacités dans le monde si rapidement qu'elle a dépassé son potentiel à former assez de managers Lean et a dépassé les attentes raisonnables des besoins en volume des marchés sur le long terme. [...] Toyota a redéfini son but qui était « d'être la meilleure organisation à résoudre les problèmes des clients » en « devenir la plus grande entreprise du secteur », un objectif sans intérêt pour le client. Ce fut un véritable recul pour le mouvement Lean ».[40].

Il s'agit, à n'en pas douter, d'une véritable interrogation pour le Lean !

La situation de Toyota en France serait-elle différente ?

---

[40] Lettre La Fin d'une époque traduite et publiée le 2 juin 2009 sur le site de lean.enst.fr.

Pour s'implanter en Europe, le constructeur japonais crée une usine française à Valenciennes - Onnaing au début des années 2000. L'investissement cumulé en 9 ans atteint 900 millions d'euros. De 2 600 initialement, l'effectif du site atteint 3 950 salariés en 2009. Depuis le démarrage, ce sont plus de 1 800 000 voitures Yaris qui ont été produites.

L'usine Toyota de Valenciennes fonctionne sous les principes du Toyota Production System, comme tous les autres sites de production du Groupe.

Les résultats, en termes de réductions des stocks par exemple, sont annoncés comme éloquents : alors que ses principaux concurrents européens auraient des stocks entre la peinture et le montage de l'ordre de 250 à 300 voitures, l'usine de Valenciennes dispose d'un stock dimensionné à 47 véhicules. Ce qui représente environ 20 minutes d'alimentation pour la chaîne de montage (au-delà d'un arrêt de plus de 20 minutes d'un atelier, l'ensemble de la chaîne est ainsi arrêtée complètement).

Alors, le Lean serait-il applicable en France ?

Selon ses promoteurs : Oui, sous certaines conditions...

Comme dans le cas du site de Valenciennes, les projets d'implantation d'entreprises japonaises en Europe passent généralement par le démarrage de sites totalement neufs. Les salariés sont donc recrutés en masse ou sélectionnés sur la base de volontariat, puis formés aux méthodes de l'entreprise.

La population généralement plus jeune et mieux formée - donc avec une « empreinte » plus faible de la part d'autres entreprises - est associée très rapidement à un projet d'entreprise important, piloté par une structure managériale très imprégnée par la culture Lean.

Cette situation favorable permettrait une forte adhésion et participation des salariés...

Éric Pecqueur, délégué syndical au sein de TMMF (Toyota Motor Manufacturing France), est un peu moins - c'est un euphémisme - sensible à l'argument...
Interviewé par la Voix du Nord, il fait le parallèle avec le livre du japonais Satoshi Kamata, « *Toyota, l'usine du désespoir* »[41].

« *Ce qu'il y a dans le livre, on le vit exactement à Toyota en 2008 à Valenciennes. Le sous-effectif scientifiquement organisé, les cadences qui augmentent, les pressions pour transformer les arrêts maladies en congés, la dépression permanente... Tout ça, c'est le résultat d'une politique où la variable d'ajustement, ce ne sont pas les stocks, mais les hommes* ».[42]

Le Lean : une nouvelle forme de taylorisme ? Certains n'hésitent pas à l'affirmer...

S'il semble difficile de se prononcer de façon catégorique sans analyse approfondie, ces éléments doivent cependant servir à alimenter notre esprit critique.
Ainsi, aucune méthodologie, aucun mode de gestion, ne peuvent être jugés (et décrétés) a priori bons ou mauvais.
Les situations (économiques, culturelles, sociales...) influencent nécessairement la mise en place ou le développement d'un projet Lean et, donc, il sera nécessaire d'analyser en permanence les éléments de contexte et d'en débattre avec tous les acteurs de l'entreprise.

---

[41] « *Toyota, l'usine du désespoir* », de Satoshi Kamata. Éditions Demopolis. www.demopolis.fr.
[42] http://www.lavoixeco.com/actualite/Secteurs_activites/Automobile/Constructeurs/article_601138.shtml.

Un mode de déploiement inadapté du Lean peut conduire à des risques importants

Les enjeux pour les salariés qui sont confrontés au Lean peuvent être très importants.

Le Lean modifiera les processus de fonctionnement de l'entreprise - ce sont tous les processus qui peuvent être profondément touchés et pas seulement la production -.
Les standards de travail (modes opératoires, règles de fonctionnement...) seront impactés, les modes de régulation[43] bousculés, des objectifs nouveaux assignés, qui apporteront de nouvelles contraintes sur les conditions de travail.

La modification des missions de la hiérarchie et des opérateurs peut conduire à **une refonte de la valeur du travail** (qu'est-ce qui est attendu par l'entreprise pour mon travail ?) et des formes de reconnaissance (rémunération, satisfaction des collègues, de la hiérarchie), des collectifs, des compétences nécessaires, de la valorisation de l'image par le travail (suis-je satisfait de mon image quand je travaille, suis-je fier d'en parler à mes amis ?)...

L'entreprise sera confrontée à des problématiques de **reclassement des personnes dont les positionnements sont modifiés :**

---

[43] *Les modes de régulation permettent à un individu de gérer les aléas et les contraintes auxquels il est soumis, en faisant appel à l'entraide (collectifs de travail) ou à une gestion personnalisée de son activité (souvent non décrite par le standard). Ce sont les modes de régulation qui rendent le travail possible (il y a toujours des aléas et des variations), mais qui sont à la fois « coûteux » pour l'individu. Devoir modifier brutalement ses modes de régulation peut être extrêmement difficile et porteur de risques pour la santé.*

- soit par les progrès obtenus sur la productivité, qui posent la question du **devenir de la main-d'œuvre** : reclassement vers d'autres services, ou apport d'une charge de travail en compensation ?
- soit par **leur inadaptation aux évolutions attendues** : quelle réponse apporter à l'individu en situation d'échec ?

En outre, les **modes de reconnaissance rémunérée (salaire, primes) peuvent être modifiés.**

Dans les exemples de mise en place du Lean en France, nous constatons **un manque généralisé de réponses** à ces questions fondamentales et légitimes d'accompagnement au changement.

En cas de dérives (détournement, méconnaissance et incompréhension de la méthodologie, insuffisance de la préparation et de l'accompagnement), un projet Lean peut altérer les conditions de travail, de vie et la santé des salariés concernés, à travers :

- **La remise en cause des savoir-faire** : les critères d'efficience ne sont plus les mêmes (avant j'étais reconnu pour une technicité, demain il m'est demandé d'être un « apporteur » d'idées), le regard des autres peut changer, les représentations (qu'est-ce que bien faire son travail ?) sont bousculées pour les plus anciens en particulier, les valeurs de travail sont déplacées (qualité...).
- **L'importance du changement** : participation plus ou moins imposée au projet Lean, relais de proximité (agents de maîtrise) modifiés, rythme trop

important, manque de communication et d'information.
- **La perturbation du mode de management** : rôle de la hiérarchie, pression sur les objectifs, éloignement des managers de proximité connaisseurs du terrain, mise en place de superviseurs insuffisamment formés.
- **Le développement d'une polyvalence contrainte et insuffisamment préparée et accompagnée** : formation, explication des enjeux, reconnaissance.
- **L'exigence excessive de rationalisation** qui peut contraindre les capacités d'initiatives, imposer de nouveaux standards de travail, accroître les cadences et réduire les espaces de respiration, casser les modes de régulation existants.
- **Le déplacement des régulations** organisationnelles et collectives existantes, des marges de manœuvre.
- **Une modification du système d'évaluation**.

Ce sont ces dérives du Lean, qui en amenant un changement radical des équilibres existants, feront émerger de nouvelles contraintes, qui, à défaut d'un accompagnement efficace et progressif, ne pourront être correctement régulées.

Et cette radicalité dans le changement crée une situation de dégradation potentielle des conditions de travail physiques (pénibilité et troubles musculo-squelettiques) et de risques psychosociaux importants.

Chapitre 6 – Le Lean peut nuire gravement à la santé des salariés

Nous venons de voir que des dérives dans la mise en place du Lean pouvaient amener de nouvelles contraintes pour les salariés et conduire à une dégradation potentielle de leurs conditions de travail ainsi que de leur santé.

Nous allons, dans ce chapitre, présenter les résultats d'une étude sur la perception des salariés européens vis-à-vis des organisations Lean, comparativement à d'autres organisations.

Les constats réalisés à partir de cette étude nous amèneront à nous interroger sur une nouvelle problématique du Lean, autre que celle liée aux dérives dans le déploiement : les organisations Lean seraient-elles intrinsèquement, plus que toute autre organisation, porteuses de risques pour la santé des salariés ?

Données chiffrées et résultats d'enquêtes statistiques en Europe

➢ Les enquêtes européennes réalisées par la Fondation de Dublin

La Fondation européenne pour l'amélioration des conditions de vie et de travail, basée à Dublin, réalise tous les 5 ans une enquête auprès des travailleurs de l'Union Européenne (la dernière venant d'être publiée fin 2010).

Un éventail très large de thématiques est abordé dans le but de donner des informations suffisantes pour décrire et comparer les conditions de travail dans les Etats : situation des marchés du travail, temps de travail, salaires, relations entre travail et vie personnelle, satisfaction au travail, organisation du travail, etc.

La 3ème enquête de la Fondation de Dublin a été réalisée en mars 2000 dans les quinze pays membres de l'Union européenne.

Environ 1 500 personnes ayant un emploi ont été enquêtées dans chaque pays (à l'exception du Luxembourg avec 500 personnes). Au total, l'échantillon de l'enquête compte 21 703 personnes.

> **Les études sur les formes d'organisation du travail à partir des données européennes**

Avec l'autorisation de la Fondation de Dublin, Antoine Valeyre[44], a réalisé, pour le Centre d'études de l'emploi, organisme sous tutelle de la DARES (Direction de l'Animation de la Recherche, des Etudes et des Statistiques), une analyse approfondie des données recueillies en 2000.

Dans un rapport publié en 2006[45], la DARES évalue les effets de **quatre formes d'organisation** sur les conditions de travail et la santé, telles que les perçoivent les salariés. Il s'agit à ce jour de la seule étude sur le périmètre européen faisant le lien

---

[44] *Antoine Valeyre, chargé de recherche au CNRS.*
[45] *« Conditions de travail et santé au travail des salariés de l'Union européenne : des données contrastées selon les formes d'organisation », Antoine Valeyre, 2006.*

entre modes d'organisation et perception des salariés de leurs conditions de travail et leur santé.

La typologie des **quatre formes d'organisation du travail dans l'Union européenne** se fonde sur une classification de **quinze variables organisationnelles**[46].

Ces formes d'organisation du travail - **les organisations du travail apprenantes, les organisations au plus juste ou Lean, les organisations Tayloriennes et enfin les organisations de structure simple** - sont décrites par Antoine Valeyre (en collaboration avec Edward Lorenz, Université de Nice Sophia-Antipolis), dans un article commun, publié sous le titre *Les nouvelles formes d'organisation du travail en Europe* en mars 2005 :

> La classe des **organisations du travail apprenantes** regroupe 39% des salariés de la population étudiée.
> Ceux-ci disposent d'une forte autonomie dans le travail, autocontrôlent la qualité de leur travail et rencontrent fréquemment des situations d'apprentissage et de résolution de problèmes imprévus.

---

[46]*Les quinze variables organisationnelles établies pour les quatre formes d'organisation du travail : travail en équipe, rotation des tâches, autonomie dans le travail (dans les méthodes, dans les cadences), gestion de la qualité (respect de normes de qualité précises, autocontrôle de la qualité du travail), contenu cognitif du travail (résolution de problèmes imprévus, apprentissage de choses nouvelles dans le travail, complexité des tâches), monotonie des tâches, répétitivité des tâches, contraintes de rythme de travail (liées à la vitesse automatique d'une machine ou du déplacement d'un produit, aux normes quantitatives de production, au contrôle direct des chefs, à la dépendance à l'égard du travail fait par des collègues). Antoine Valeyre et Edward Lorenz.*

Ils sont relativement nombreux à travailler en équipe. Ils exercent le plus souvent des tâches complexes, non monotones et non répétitives et subissent peu de contraintes de rythme.

Cette classe s'apparente au **modèle sociotechnique suédois**[47], fondé sur le principe d'équipes autonomes qui s'auto-organisent pour réaliser les objectifs établis avec la hiérarchie.

La classe des **organisations du travail au plus juste** (28% des salariés) présente une forte diffusion du travail en équipe, de la rotation des tâches et de la gestion de la qualité (autocontrôle de la qualité et respect de normes de qualité précises).

Elle correspond typiquement au **modèle de la « production au plus juste » (Lean production)** qui combine travail en groupe, polyvalence, qualité totale et flux tendus.

Simultanément, les salariés se voient imposer des contraintes de rythme particulièrement lourdes et exécutent des tâches souvent répétitives et monotones.

Si, comme dans les organisations apprenantes, ils sont souvent confrontés à des situations d'apprentissage et de

---

[47] *Le modèle sociotechnique suédois (ou scandinave) tire son nom de l'organisation du travail mise en place dans l'usine Volvo, avec les groupes de travail semi-autonomes.*

L'approche sociotechnique prend en compte d'une part le « système technique » qui privilégie les concepts de temps et de coût afin d'optimiser la gestion et une certaine conception de la rentabilité, et d'autre part, le « système social » qui considère que l'entreprise n'atteindra ses objectifs que si les conditions de motivations sont réunies.

La déclinaison de ce modèle en entreprise peut se faire soit à travers des groupes semi-autonomes, soit par l'enrichissement des tâches, soit encore par le développement d'une plus grande polyvalence.

résolution de problèmes imprévus, ils bénéficient en revanche de bien moindres marges d'autonomie dans leur travail.

Cette autonomie modérée s'exerce sous de fortes contraintes de rythme et de normes de qualité. Il s'agit donc d'une « autonomie contrôlée » que les employeurs suscitent pour concilier contrôle managérial et mobilisation de l'initiative et de la créativité des salariés.

La classe des **organisations du travail tayloriennes** (14% des salariés) s'oppose dans une large mesure à celle des organisations apprenantes.

Comme dans les organisations au plus juste, les individus sont soumis à d'importantes contraintes de rythme, effectuent des tâches répétitives et monotones et sont astreints à des normes de qualité précises.

Mais, contrairement à la classe précédente, leur travail présente une faible autonomie, un faible contenu cognitif et l'autocontrôle de la qualité y est peu répandu.

Cette classe relève du modèle taylorien d'organisation du travail, dans ses formes classiques, mais aussi dans ses formes assouplies en « taylorisme flexible » (Boyer, Durand, 1993), comme le suggère la fréquence relative des pratiques de rotation des tâches.

La classe des **organisations du travail de structure simple** (19% des salariés) tend à s'opposer à celle des organisations au plus juste.

Le travail en équipe, la rotation des tâches et la gestion de la qualité y sont peu diffusés. Le travail y est peu contraint dans ses rythmes et peu répétitif, mais relativement monotone et à faible contenu cognitif.

Cette classe s'apparente au modèle des organisations de « structure simple » (Mintzberg, 1982) définies par une faible formalisation des procédures et un mode de contrôle par supervision directe.

Afin de clarifier cette classification des formes d'organisation, nous allons l'illustrer à travers quelques exemples :

Un exemple[48] d'organisation apprenante (forte autonomie dans le travail, autocontrôle de la qualité du travail, situations fréquentes d'apprentissage) : une entreprise familiale du bâtiment, spécialisée en taille de pierre (expertise du dirigeant), dispose d'une notoriété sur son territoire en matière de rénovation d'ouvrages anciens. Composée de 13 salariés polyvalents, elle est gérée suivant deux grands principes : le premier, un encadrement exclusivement réalisé par des spécialistes professionnels et le second, la volonté de transférer son savoir-faire. De fait, elle a mis en œuvre des pratiques de développement des compétences, calquées sur les grands principes du compagnonnage.

Les exemples d'entreprises (ou certains services)[49], organisées au plus juste ou en Lean (travail en groupe, polyvalence, flux tendus, fortes contraintes de rythme et de normes qualité), sont nombreux : dans le secteur automobile (Toyota bien sûr, PSA, Valéo, Faurecia, Bosch...), le motoriste SNECMA, le fabricant de matériels roulants ferroviaire Bombardier, les Services commerciaux chez Renault, la banque BNP Paribas, le Centre Hospitalier Universitaire de St Etienne, Danone ou Volvic dans l'agroalimentaire, des groupements de PME également de l'agroalimentaire en Franche-Comté (Badoz, Bolard, Saborec, Milleret, Planète Pain, Jean-Louis Amiotte)...

---

[48] *Source : Cas d'entreprise sur le site de l'ANACT.*
[49] *Source principale : « Le Lean Manufacturing : la méthode anticrise », L'usine nouvelle, 18 septembre 2008, autres sources : Internet.*

L'exemple le plus connu d'organisation taylorienne (forte parcellisation du travail, tâches répétitives et monotones, normes qualité précises) : les chaînes de montage du constructeur automobile Ford dans les années 30. De nombreuses entreprises industrielles restent organisées sous ce mode, avec un travail répétitif et peu varié.

Un exemple d'entreprise de structure simple (faible formalisation des procédures et un mode de contrôle par supervision directe) : une PME familiale, comportant une dizaine de salariés, dirigée par un leader relativement charismatique, postes répartis par fonction, mais peu de procédures ou de gammes opératoires.

> ➢ **Les résultats des études sur l'influence des organisations sur les conditions de travail : les organisations Lean sont les plus néfastes**

Ces résultats sont présentés par Antoine Valeyre dans son rapport de 2006 : « Conditions de travail et santé au travail des salariés de l'Union européenne : des données contrastées selon les formes d'organisation ».

Dans l'enquête réalisée au niveau européen, **les salariés sont appelés à s'exprimer sur les problèmes de sécurité et de santé au travail**, au travers de séries de questions, organisées en trois catégories.

La première concerne **les perceptions globales** des salariés, d'une part, sur les risques pour la santé et la sécurité au travail, d'autre part, sur les atteintes à la santé considérées comme dues au travail.

La deuxième catégorie porte sur différents **types d'atteinte à la santé au travail** que déclarent les salariés, distingués selon qu'ils relèvent d'affections **d'ordre physique ou psychologique.**

La troisième et dernière catégorie est relative aux **arrêts de travail.**

Les premières conclusions du rapport d'Antoine Valeyre montrent que **les atteintes à la santé, perçues par les salariés comme dues à leur travail, et, plus encore, les menaces qu'ils ressentent pour leur santé et leur sécurité au travail varient clairement selon les formes d'organisation du travail** dans lesquelles ils exercent leur activité professionnelle (cf. tableau reproduit ci-après).

En moyenne, près de 60% des salariés déclarent que le travail affecte négativement leur santé. Cette proportion **est aussi élevée, sinon plus, dans les organisations en Lean production (66%)** que dans les organisations tayloriennes (63%).

Dans l'ensemble, 27% des salariés pensent que leur santé et leur sécurité sont menacées à cause de leur travail. Là également, **ils sont les plus nombreux à le ressentir dans les organisations en Lean production (37%)**, devant les organisations tayloriennes (33%).

Risques et atteintes à la santé au travail selon les formes d'organisation du travail

(% de salariés concernés)

Formes d'organisation du travail	Atteintes à la santé liées au travail	Risques pour la santé ou la sécurité liés au travail
Apprenantes	53,1	20,7
Lean Production	66,1	36,8
Tayloriennes	63,0	33,5
Structure simple	50,7	22,9
Ensemble	57,7	27,4

Lire ainsi : 53,1% des salariés des organisations apprenantes déclarent être atteints dans leur santé au travail.
Champ : Salariés des secteurs marchands, hors agriculture et services domestiques, travaillant dans des établissements d'au moins 10 personnes.
Source : Antoine Valeyre, « Conditions de travail et santé au travail des salariés de l'Union européenne : des données contrastées selon les formes d'organisation », 2006.

Dans les enquêtes européennes, les salariés font donc ressortir que le Lean aggrave, beaucoup plus que les organisations apprenantes et de structure simple et un peu plus que les organisations tayloriennes, les risques de dégradation des conditions de travail et d'atteintes à la santé.

Et notamment les risques psychosociaux et les Troubles musculo-squelettiques.

Lean et aggravation des risques psychosociaux

> **Risques psychosociaux : repères et définitions**[50]

L'utilisation du terme « risques psychosociaux » n'est qu'un fait récent.

En effet, pendant de nombreuses années, les termes de « stress », « harcèlement », « souffrance au travail » étaient davantage utilisés pour qualifier ces manifestations.

---

[50] *Extrait du Guide SECAFI à l'attention des représentants du personnel au CHSCT, rédigé par Elodie Montreuil.*

Cette évolution en terme de vocabulaire vers la notion de « risques psychosociaux » correspond à la fois à une avancée des recherches scientifiques sur le sujet, mais également à une prise de conscience collective de la nécessité de traiter ces manifestations (stress, violence, etc.) dans une logique de prévention des risques professionnels.

La définition figurant ci-dessous est utile pour identifier les phénomènes observables au sein de l'entreprise.

> **Extrait d'une définition de l'ANACT**
> Le champ psychosocial renvoie à des aspects psychologiques de la vie sociale au travail. Les troubles psychosociaux (stress, violence...) apparaissent lorsqu'il y a un déséquilibre dans le système constitué par l'individu et son environnement de travail. Les conséquences de ce déséquilibre sont multiples sur la santé physique et psychique. [...] La notion de risque doit s'entendre comme la probabilité d'apparition du trouble psychosocial ayant pour origine l'environnement professionnel.

Les points essentiels à retenir :
- Ne pas confondre « trouble » et « risque ».
    - Le risque doit s'entendre comme la probabilité d'apparition de troubles, tant individuels que collectifs.
    - Un trouble se caractérise par l'apparition, chez une ou plusieurs personnes, de signes plus ou moins perceptibles, pouvant s'aggraver jusqu'à devenir pathologiques : stress, angoisse, dépression, agressivité, comportements violents, addictions et autres symptômes médicaux.

- Les risques psychosociaux ont un caractère plurifactoriel. Si des événements liés à la vie privée des salariés peuvent les rendre plus vulnérables à ces risques, une démarche de prévention doit se concentrer sur la recherche des facteurs pathogènes présents dans l'organisation de l'entreprise et les conditions de travail.
- Les troubles psychosociaux au travail sont le résultat d'un déséquilibre, dont l'origine réside dans l'environnement professionnel et les conditions de travail.
- L'exposition aux risques psychosociaux peut avoir un impact à la fois en termes de santé physique ou de santé mentale.

> **Quelques données chiffrées sur les risques psychosociaux**

Depuis maintenant plus d'une dizaine d'années, **les risques psychosociaux (RPS) constituent un des risques majeurs pour la santé physique et mentale des salariés** et le bon fonctionnement des entreprises.

Les chiffres sont éloquents :
- 41% des salariés se sentent stressés, dont 60% des salariés déclarent que cet état de stress est en lien avec la sphère professionnelle (étude qualité de vie au travail ANACT 2009).
- De 1,9 à 3 milliards d'euros (coût minimal de stress au travail en France, INRS).
- 20% des personnes en arrêt maladie évoquent un conflit dans le travail (CNAM).

- Sur les 72 suicides qui ont fait l'objet d'une déclaration d'accident du travail entre le 1er janvier 2008 et le 30 juin 2009, 28 ont été reconnus[51] (CNAM).

Une montée du « malaise » est observée dans la sphère professionnelle correspondant à une transformation profonde du travail : développement des nouvelles pratiques managériales, individualisation et intensification du travail, incertitude quant à l'avenir, etc.

Le Lean constitue bien évidemment une transformation profonde du travail et peut donc contribuer à l'émergence de risques psychosociaux.

> **Les résultats des données de l'enquête européenne : Lean et risques psychosociaux**

Les analyses détaillées des données de l'enquête européenne mettent **clairement en évidence le lien entre organisations Lean et risques psychosociaux.**

Stress et troubles psychologiques selon les formes d'organisation du travail
(% de salariés concernés)

Formes d'organisation du travail	Stress	Anxiété	Problèmes d'insomnie	Irritabilité
Apprenantes	28,5	5,6	8,3	10,2
Lean Production	32,6	7,6	11,2	12,5
Tayloriennes	20,8	4,0	7,5	11,6
Structure simple	20,4	4,6	4,8	8,7
Ensemble	27,0	5,7	8,4	10,8

Lire ainsi : 28,5 % des salariés des organisations apprenantes déclarent être atteints de stress.
Champ et Source : Op. cit. A. Valeyre, pour le Centre d'études de l'emploi, Nov. 2006.

---

[51] *La notion de « reconnaissance » signifie qu'une commission de spécialistes a considéré que ces suicides avaient un lien avec le travail.*

Si le stress au travail touche 27% des salariés en moyenne, **la proportion de salariés concernés est plus importante dans les organisations en Lean production et dans les organisations apprenantes et bien moindre dans les organisations tayloriennes ou de structure simple.**

Antoine Valeyre poursuit : « Les autres affections d'ordre psychologique concernent des proportions bien moindres de salariés. 6% d'entre eux déclarent **une anxiété liée au travail. La proportion est la plus élevée dans les organisations en Lean production** et la plus faible dans les organisations tayloriennes.

8% des salariés répondent avoir des **problèmes d'insomnie** dus à leur travail. **Ils sont le plus touchés dans les organisations en Lean production** (11%) et le moins dans les organisations de structure simple (5%).

Enfin, des **problèmes d'irritabilité** liés au travail sont ressentis par 11% des salariés. Les proportions varient peu entre formes d'organisation du travail. **Elles sont légèrement supérieures dans les organisations en Lean production** et inférieures dans les organisations de structure simple. »

Ces résultats indiquent que les salariés placés dans les organisations dites au plus juste ou en Lean production expriment un fort niveau de stress et de troubles psychologiques (légèrement supérieur à celui des salariés en organisations apprenantes), mais nettement supérieur à celui exprimé par les salariés des organisations tayloriennes et de structure simple.

Lean et Troubles musculo-squelettiques (TMS)

> **Troubles musculo-squelettiques : repères et définitions**

Les **Troubles musculo-squelettiques (TMS)** sont un ensemble **d'affections survenant au niveau de toutes les articulations** (épaule, coude, poignet, main, doigt, genou, cheville, pied) et engendrés par les **gestes répétitifs** (sur-sollicitation des muscles ou des tendons). Exemple : un travail de vissage répétitif sur une chaîne d'assemblage peut être à l'origine de l'émergence de TMS.

Les pathologies sont les tendinites, les hygromas ou encore les syndromes canalaires.

Les syndromes canalaires sont un ensemble de manifestations liées à la compression des nerfs qui se faufilent à certains endroits dans des passages étroits. Le plus fréquent est le syndrome du canal carpien (compression du nerf médian au niveau du talon de la main), provoquant d'abord des troubles sensitifs (fourmillements dans les doigts et douleurs) puis, à défaut de traitement, des troubles moteurs.

Les études ont montré que **les TMS sont des maladies :**
- **Multifactorielles : il n'y a pas une seule cause à l'origine de la maladie.** Ce sont la conjonction et l'interaction des causes qui doivent être analysées. Par comparaison, les maladies de la surdité n'ont qu'un facteur originel : c'est la dose de bruit qui atteint le dispositif auditif.

- **A composante professionnelle**[52]. : **l'origine professionnelle est reconnue**, même s'il ne s'agit pas d'une cause unique.

Les sollicitations qui sont à l'origine des TMS sont biomécaniques, organisationnelles et psychosociales. Certaines de ces sollicitations peuvent exister dans des activités extra-professionnelles.

Il a été démontré que le stress ainsi que certains facteurs individuels (prédisposition hommes/femmes, antécédents médicaux) peuvent favoriser les TMS. Les relations entre ces facteurs sont présentées sur la figure suivante :

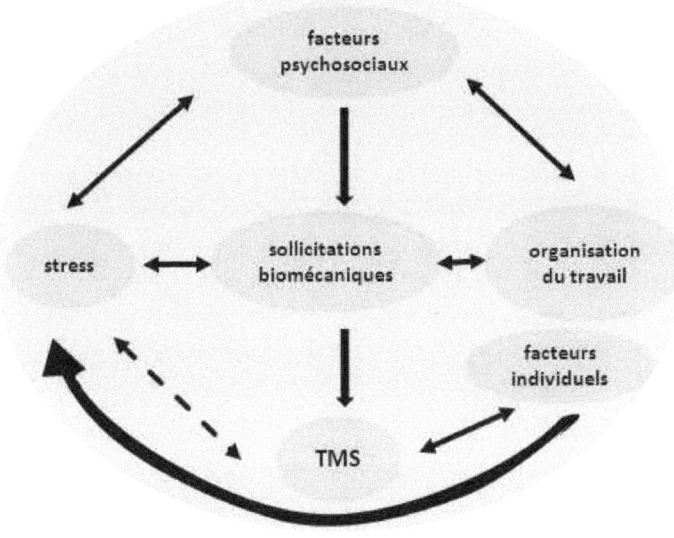

Modèle INRS de la dynamique d'apparition des TMS. Source : INRS

---

[52] *Source : site de l'INRS, Institut National de Recherche et de Sécurité pour la prévention des accidents du travail et des maladies professionnelles, www.inrs.fr.*

La mise en place d'un projet Lean peut faire porter sur les salariés concernés un risque d'émergence ou d'aggravation des Troubles musculo-squelettiques par deux phénomènes :
- Une **exigence excessive de rationalisation (en cherchant à trop éliminer les gaspillages)** qui peut contraindre les capacités d'initiatives, imposer de nouveaux standards de travail, accroître les cadences et réduire les espaces de respiration et, donc, de récupération
- L'émergence de **risques psychosociaux (stress...), comme cela a été montré par les résultats présentés dans les pages précédentes,** qui sont des facteurs aggravants des risques de TMS.

> **Quelques données chiffrées sur les Troubles musculo-squelettiques[53]**

En France, les Troubles musculo-squelettiques (TMS) sont la première cause de maladie professionnelle reconnue et leur nombre croît d'environ 18% par an depuis dix ans.

Les chiffres de la CNAM (Caisse Nationale d'Assurance Maladie) montrent que le nombre de maladies professionnelles TMS indemnisées est en très forte progression depuis 15 ans :

---

[53] *Source : Brochure réalisée dans le cadre de la « Semaine Prévention des TMS » 2009, publiée sur le site Ameli.fr.*

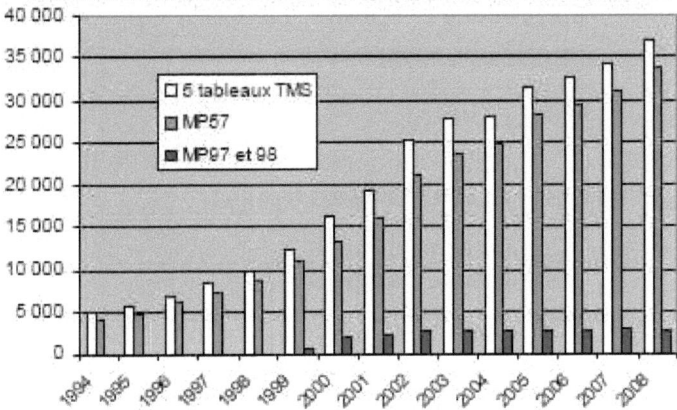

Source : CNAMTS/DRP

En 2008, toujours selon la même source, les 36 926 TMS indemnisés[54] ont engendré la perte de 8,3 millions de journées de travail et 786 millions d'euros de frais couverts par les cotisations des entreprises.

À ces coûts directs, il faut ajouter tous les coûts indirects : perte de temps, de production, d'image...

Ces pathologies touchent toutes les professions, tous types d'entreprises, quel que soit le secteur d'activité. Tous les pays industrialisés sont concernés par le phénomène, de même que les pays dans lesquels des fabrications sont délocalisées.

Les effets négatifs, pour les salariés et l'entreprise, du développement des TMS (coût, absentéisme, turn-over, difficultés de recrutement, reclassement des victimes...) se font de plus en plus ressentir.

---

[54] Au titre des tableaux 57, 69, 79, 97 et 98 du régime général de la Sécurité sociale qui regroupent l'ensemble des maladies professionnelles TMS.

> **Les résultats des données de l'enquête européenne : Lean, pénibilité physique et intensification du travail**

Les analyses détaillées des données de l'enquête européenne[55] mettent **clairement en évidence le lien entre organisations Lean et pénibilités physiques.**

Pénibilités physiques selon les formes d'organisation du travail
(% de salariés exposés à des pénibilités physiques au moins la moitié du temps de travail)

Formes d'organisation du travail	Postures douloureuses ou fatigantes	Manutentions de charges lourdes	Mouvements répétitifs des mains ou des bras	Vibrations mécaniques
Apprenantes	19,6	14,1	34,9	12,9
Lean Production	42,9	34,1	63,5	37,2
Tayloriennes	49,4	35,2	74,0	41,1
Structure simple	31,0	24,2	48,8	12,2
Ensemble	32,4	24,5	50,9	23,4

Lire ainsi : 19,6 % des salariés des organisations apprenantes sont exposés à des postures douloureuses ou fatigantes au moins la moitié du temps de travail.
Champ et *Source* : Op. cit. A. Valeyre, pour le Centre d'études de l'emploi, Nov. 2006.

Si les postures douloureuses ou fatigantes pendant au moins la moitié du temps de travail affectent **moins les salariés dans les organisations en Lean production que dans les organisations tayloriennes, l'amélioration reste cependant faible** par rapport aux organisations apprenantes et de structure simple.

Les manutentions de charges lourdes pendant au moins la moitié du temps de travail **touchent tout autant les organisations tayloriennes et les organisations en Lean production, loin devant** les organisations de structure simple et surtout les organisations apprenantes.

---

[55] *Antoine Valeyre, op. cit.*

Les mouvements répétitifs des mains ou des bras pendant au moins la moitié de leur temps de travail **affectent moins les organisations en Lean production que les tayloriennes. Cependant, là encore, les résultats sont meilleurs** dans les organisations de structure simple et bien meilleurs dans les apprenantes.

Enfin, les salariés exposés à des vibrations mécaniques provoquées par des outils ou des machines pendant au moins la moitié du temps de travail sont **du même niveau dans les organisations tayloriennes et dans les organisations en Lean production, loin devant** les deux autres types d'organisation.

Ainsi, les organisations Lean conduisent à une pénibilité physique à peine plus faible que les organisations Tayloriennes.

Par ailleurs, l'observation des liens entre organisations et **intensification du travail souligne les spécificités du Lean.**

Intensité du travail selon les formes d'organisation du travail

(% de salariés soumis à un travail intensif)

Formes d'organisation du travail	Cadences élevées tout le temps ou presque	Délais serrés tout le temps ou presque	Manque de temps pour terminer le travail
Apprenantes	20.5	31.0	24.0
Lean Production	39.1	50.8	25.4
Tayloriennes	39.3	39.0	23.8
Structure simple	21.9	22.5	18.2
Ensemble	28.6	36.0	23.3

Lire ainsi : 20,5% des salariés des organisations apprenantes son soumis à des cadences élevées tout le temps ou presque.
Champ et Source : Op.cit. A. Valeyre, pour le Centre d'études de l'emploi, Nov. 2006.

Ainsi, il est relevé :
- **Des cadences élevées (tout le temps ou presque) pour quasiment 40% des salariés en organisation Lean (du niveau des organisations tayloriennes).**

- **Des délais serrés (tout le temps ou presque) pour 1 salarié sur 2**, soit l'organisation de loin la plus pénalisante sur ce point.
- **Un manque de temps pour terminer le travail pour un quart des salariés.**

Avec ces constats sur l'impact du Lean sur les pénibilités physiques et l'intensité du travail, les résultats sur les TMS sont sans surprise :

TMS selon les formes d'organisation du travail

(% de salariés affectés)

Formes d'organisation du travail	Douleurs musculaires			Maux de dos
	Épaules ou cou	Membres supérieurs	Membres inférieurs	
Apprenantes	19,4	9,2	7,6	26,8
Lean Production	29,2	18,7	14,6	38,7
Tayloriennes	29,3	19,4	13,9	41,6
Structure simple	17,9	9,2	9,4	32,4
Ensemble	23,2	13,3	10,8	33,2

Lire ainsi : 19,4 % des salariés des organisations apprenantes déclarent être affectés par des douleurs musculaires dans les épaules ou le cou.
Champ et *Source* : Op. cit. A. Valeyre, pour le Centre d'études de l'emploi, Nov. 2006.

Comme l'indique Antoine Valeyre, « les douleurs musculaires dans les épaules ou le cou, les membres supérieurs ou les membres inférieurs et les maux de dos, symptomatiques de Troubles musculo-squelettiques, concernent des proportions importantes de salariés. »

Des douleurs musculaires dans les épaules ou le cou sont déclarées par **presque 30% dans les organisations tayloriennes ou en Lean production, loin devant** les organisations apprenantes ou de structure simple (20%).

Les douleurs musculaires dans les membres supérieurs touchent **20% des salariés dans les organisations tayloriennes** ou en Lean production, tandis que moins de 10% le déclarent dans les organisations apprenantes ou de structure simple.

De même, des douleurs musculaires dans les membres inférieurs sont déclarées par **près de 15% des salariés dans les organisations tayloriennes ou en Lean production** et par **moins de 10%** dans les organisations apprenantes ou de structure simple.

Enfin, la proportion de salariés affectés par des maux de dos perçus comme liés au travail est **élevée dans les organisations en Lean production (39%), proche des organisations tayloriennes (42%)**. La proportion est **nettement plus faible** dans les organisations apprenantes (27%), voisine dans les organisations de structure simple.

En conclusion, les risques de Troubles musculo-squelettiques apportés par les organisations Lean sont très élevés, d'un niveau comparable à celui des organisations tayloriennes.

Le Lean intrinsèquement porteur de risques pour la santé ?

Les résultats obtenus dans l'étude d'Antoine Valeyre, sur la base d'un échantillon de 21 703 salariés européens répartis dans 4 formes d'organisation, fournissent une base intéressante de réflexion.

En effet, si les chiffres ne peuvent représenter la « preuve » absolue de l'impact des organisations Lean (il faut en effet rester prudent sur les écarts de situations), la tendance doit amener à s'interroger sur le lien qui pourrait être fait entre ce mode organisationnel et la santé des salariés.

Et à envisager que les difficultés constatées avec le Lean ne relèveraient pas uniquement de la qualité du mode de déploiement.

Dès lors, il nous semble pertinent d'interroger certaines caractéristiques intrinsèques au Lean et se demander en quoi elles pourraient mettre les salariés en situation de difficulté.

En effet, comme l'expriment certains observateurs : avec le Lean, « l'autonomie événementielle[56] déléguée aux salariés dans leur travail est comparable à celle que l'on observe dans les organisations apprenantes.

En revanche, l'autonomie procédurale[57] y est beaucoup moins importante, tout en restant nettement plus élevée que dans les organisations tayloriennes.

Dans le même temps, le **contrôle du travail est serré**, le plus souvent en permanence, plus encore que dans les organisations tayloriennes. Cette classe se caractérise donc par des situations de travail en « **autonomie contrôlée** » **qui visent à concilier besoins managériaux de contrôle sur le travail et incitation à l'initiative dans le travail.** »[58]

---

[56] *Autonomie événementielle : autonomie dans la gestion des événements où, en cas d'incidents, on encourage les salariés à régler eux-mêmes les problèmes ou à en référer à la hiérarchie.*
[57] *Autonomie procédurale : autonomie dans l'accomplissement de la tâche par la fixation d'objectifs globaux ou de travaux précis à réaliser réduite par la standardisation du travail.*
[58] *« Formes d'organisation du travail et relations de travail », Rapport de Recherche de Décembre 2008, www. cee-recherche.fr. Matthieu Bunel, Université de technologie Belfort-Montbéliard et Centre d'études de l'emploi, Jean-Louis Dayan, Centre d'Analyse Stratégique (CAS), Guillaume Desage, Centre d'études et de recherches administratives, politiques et sociales (CERAPS), Corinne Perraudin, Centre d'études de l'emploi, et Matisse Ces,*

Nous pensons que **la conjonction des différentes contraintes apportées simultanément par le Lean** :
- **standardisation excessive du travail**
- **autonomie procédurale réduite**
- **intensification du travail**
- **ambiguïté entre les objectifs annoncés dans le Lean et la réalité perçue par les salariés (notamment sur l'autonomie vantée dans le cadre du Lean)**

conduit à des situations particulièrement difficiles à gérer, à l'origine de risques très importants pour les conditions de travail et la santé.

Dans nos expertises, nous avons pu observer ces situations de contraintes simultanées.

Avec des standards de travail décalés de la réalité, qui ne prenaient pas assez en compte les aléas qui persistent toujours : un retard, un client demandeur d'explications, un patient nécessitant une écoute soutenue, un produit plus complexe à réaliser...

Avec des marges de manœuvre trop réduites, ne permettant pas de suivre la cadence affichée, conduisant à une course permanente pour assurer les objectifs, empêchant de compter sur l'aide de collègues, eux aussi tenus par leurs propres standards.

Avec un travail devenu trop intense, à force d'avoir supprimé tant de tâches dites sans valeur ajoutée (les

---

Université Paris 1, Antoine Valeyre, Equipe de recherche sur les inégalités sociales ERIS-Centre Maurice Halbwachs (CMH) et Centre d'études de l'emploi.

déplacements, les demandes d'informations...) et les avoir remplacées par des tâches dites productives.

Avec l'ambiguïté d'un discours sur le Lean qui avait annoncé que la polyvalence permettrait d'équilibrer la charge de travail, alors que, dans la réalité, tous les postes sont de pénibilité équivalente. Qui avait annoncé également que l'on pourrait modifier un standard inadapté, alors qu'il n'en est rien.

Il nous paraît que ce ne sont pas tant les outils du Lean pris séparément qui doivent être remis en cause que le projet lui-même qui, réduit à une somme de « solutions », en a oublié la place des hommes qui font le travail.

Nous sommes convaincus que le mode d'organisation proposé par le Lean peut faire peser des risques sur les conditions de travail et la santé des salariés, à travers la conjonction des différentes contraintes qu'il apporte sur le travail.

Ce n'est donc pas uniquement le mode de conduite d'un projet Lean qu'il faut interroger, mais également la cible visée afin de mesurer sa pertinence en termes de contraintes sur les hommes.

Chapitre 7 – Lean et dialogue social : Théories et menaces pour les salariés et leurs représentants

Nous l'avons vu, un projet Lean doit être analysé sous deux angles dans le but de préserver les conditions de travail et la santé des salariés concernés :
- la qualité du déploiement
- la pertinence de la cible retenue.

Nous aborderons donc dans ce chapitre les précautions qui nous semblent essentielles, notamment à travers la mise en place d'un dialogue social de qualité avec l'ensemble des parties prenantes du projet.

Une mise en place du Lean difficile à amender

Pour les salariés et leurs représentants - élus au CE (Comité d'Entreprise ou d'Etablissement), membres du CHSCT (Comité d'hygiène, de sécurité et des conditions de travail) -, l'arrivée du Lean dans l'entreprise peut représenter une première difficulté : comment repérer son implantation ?

Ainsi, il est fréquent que certains outils du Lean aient été déployés plus ou moins largement dans les années antérieures, dans une partie plus ou moins importante des ateliers : chantiers 5S, méthodes de résolution de problèmes, mises en flux...

Dès lors, le déploiement d'une démarche Lean beaucoup plus structurée peut être délicat à repérer et l'appréciation devra porter sur l'importance de l'accélération ainsi que sur l'ampleur du changement pour les salariés.

Le Lean peut également être englobé dans un projet d'entreprise beaucoup plus vaste de réorganisation de services, de modification de la structure de marché, d'externalisation d'activité…, ce qui le rend beaucoup plus difficile à identifier.

Dès lors, il paraît difficile de se positionner sans vision globale des enjeux, à un moment donné de « l'histoire » du projet.

Par ailleurs, le débat autour du Lean en France est rendu complexe par l'évitement qui entoure le sujet. Paradoxe pour une démarche qui se veut participative, l'échange reste des plus délicats…
Rares sont les exemples où l'introduction du Lean s'est déroulée dans un vrai dialogue social. Les peurs des uns et des autres, les a priori, les volontés cachées conduisent à différentes formes de dialogues évités ou biaisés.

Le **déni** tout d'abord de directions refusant (mordicus parfois…) d'utiliser le mot « Lean » à propos de leur projet, même si l'analyse des principes le soutenant révèle rapidement « l'inspiration », plus ou moins prononcée certes mais réelle, des techniques et outils du Lean.

Déni dévastateur s'il en est dans le dialogue : pour les salariés et leurs représentants, émergera alors le sentiment d'être pris pour des « ignares », de ne pas être jugés « aptes » à comprendre ou qu'il se « trame » quelque chose de grave…

Lorsque le Lean n'est pas totalement nié, un autre débat de terminologie peut émerger et s'avérer tout aussi préjudiciable à un réel dialogue : la volonté des directions de **présenter le Lean uniquement comme une « *démarche* » d'amélioration et non comme un « *projet* »**.

Plusieurs explications à ce choix.

Dans notre culture d'entreprise encore très marquée par le taylorisme - même si la classe des organisations tayloriennes ne représente plus que 14% des entreprises européennes -, la direction et la hiérarchie détiennent la prérogative décisionnelle sur les choix d'organisation et d'amélioration des fonctionnements.

Rester dans une terminologie de « démarche » permet symboliquement de **ne pas mettre en débat les choix**, contrairement à la notion de « projet » qui appelle plus à une pesée des avantages et inconvénients des options proposées.

Utiliser le vocable de « démarche » permet en outre d'**afficher la notion de progressivité du Lean, le « pas à pas »**.

Mais lorsque ce n'est manifestement pas le cas dans la réalité de la mise en œuvre, la perplexité des salariés n'en est que renforcée...

Et peut renvoyer à des rejets violents : « le Lean c'est du dégraissage des effectifs », « on ne va pas scier la branche sur laquelle on est assis », « les chantiers Lean ne servent qu'à fossoyer le travail de nos collègues et de nos enfants », « Le Lean n'est pas Clean », « Le Lean ou l'anorexie du travail »... Mots pour maux...

Enfin, l'évitement de l'utilisation du mot « projet » est un moyen pour certaines directions de **tenter de se soustraire aux exigences légales d'information et de consultation des**

instances représentatives du personnel - CE et CHSCT -. En effet, dans le cadre de « projets importants » au sens du Code du Travail, il y a obligation de consulter le CHSCT, avec, comme conséquence possible, le **droit de demander une expertise à un expert agréé.**

Et même lorsque le débat s'engage autour de l'arrivée du Lean dans l'entreprise, la capacité à faire des propositions reste très difficile pour les salariés et leurs représentants.

Le projet, porté par la direction et souvent soutenu par un cabinet conseil, est présenté comme **nécessaire** (pour le client, la compétitivité de l'entreprise), **progressif** (le fameux « pas à pas »), **moderne** (« toute entreprise digne de ce nom le fait »), **efficace** (« tous les leaders l'ont fait ») et **tourné vers les opérateurs** (aspect participatif). Comment dire non !?

En outre, la large méconnaissance de la méthodologie Lean, de ses conséquences et impacts, par l'ensemble des acteurs - salariés, représentants, mais aussi hiérarchie et direction -, rend difficile le nécessaire travail de construction du dialogue.

Favoriser un mode de gouvernance des entreprises prenant mieux en compte les facteurs humains

Avec le Lean - comme dans tout changement d'ampleur au sein de l'entreprise -, une prévention durable des conditions de travail et de vie des salariés, soumis à de telles modifications dans la réalisation du travail, passe par la nécessité de **favoriser un mode de gouvernance des entreprises prenant mieux en compte l'Homme.**

Les liens potentiels entre TMS et Lean ont été analysés par François Daniellou[59]. Il indique que la prise en compte des facteurs humains doit comporter « les conditions suivantes :
- Réhabiliter la réflexion à moyen et long termes, en faisant se rencontrer les différentes logiques de l'entreprise [économique, stratégique, industrielle, sociale…].
- Favoriser la revalorisation de la fonction « Ressources Humaines ».
- Améliorer les conditions d'exercice des médecins du travail et préventeurs [de la santé].
- Développer le rôle des CHSCT et d'autres structures pour les petites entreprises.
- Favoriser le développement d'un « modèle productif » qui fasse plus de place à la prise en compte du travail, de la santé et du dialogue social, tant en conception qu'en vie quotidienne. ».

Et nous pourrions ajouter : Développer une ergonomie de l'activité qui remette le travail (et l'Homme) au centre des réflexions.

Le Lean doit pouvoir prendre en compte ces conditions.

Le contraire n'est pas vrai. Il n'est pas possible de favoriser la prévention des risques sur la santé et les conditions de travail si le projet Lean reste une boîte à outils, ne se préoccupe pas de donner la parole à l'ensemble des acteurs et n'a pour but que des gains de productivité.

---

[59] *Développement des TMS : désordre dans les organisations et fictions managériales, François Daniellou Département d'ergonomie IDC, Université Victor Segalen Bordeaux 2, 146 rue Léo-Saignat F33076 Bordeaux Cedex France.*

Dès lors, pour une entreprise, **mettre en place le Lean doit signifier à tous les niveaux d'être au clair avec les objectifs, d'être informé et formé à la philosophie, aux méthodes et aux risques, d'être très vigilant quant aux effets et d'anticiper les risques.**

Il devient clair que la mise en place d'un projet Lean acceptable pour les salariés ne peut s'envisager que **dans un contexte où la gestion des impacts sur les organisations et les hommes respecte elle aussi un mode de gouvernance socialement partagé.**

L'absence volontaire ou involontaire de réponse claire sur ce point ou, pire, l'évidence que la mise en place d'un projet dit Lean conduira à des effectifs surnuméraires non gérables par une croissance de l'activité ou une solution de redéploiement anticipée et respectueuse est antinomique avec la philosophie originelle du Lean.

Dans cette optique, le Lean ne pourrait s'envisager autrement qu'au travers d'un réel dialogue social, qui éclairerait chacun sur les enjeux et qui aurait pour but la préservation du capital humain, tant en termes d'emploi, de compétences que de conditions de travail et de santé.

Des débats autour du Lean difficiles entre partenaires sociaux

En France, l'organisation de débats entre partenaires sociaux sur la question du Lean reste majoritairement difficile. Quant à évoquer une action concertée…

Les raisons peuvent être multiples, entre culture très (trop ?) empreinte de taylorisme, déni de la direction de l'importance et des risques du projet Lean, difficulté pour les partenaires sociaux à appréhender des sujets complexes ou encore niveau de dialogue altéré.

William E. Deming déclare dans «Du nouveau en économie» (1996) : « *Le secret, c'est la coopération vers le but. On ne peut pas se permettre l'effet destructeur de la compétition.* »

Pourtant, notre économie et nos managers semblent trop peu s'engager dans cette voie et le Lean reste souvent considéré exclusivement comme un outil d'amélioration de la compétitivité. Malgré le discours, les enjeux sociaux d'amélioration des conditions de travail et de la qualité de vie au travail passent au second rang.

Dans ce contexte, **la mise en débat d'un projet Lean au niveau des instances représentatives du personnel est conduite, trop souvent, sous un angle procédurier de respect a minima des obligations légales.**

Les informations transmises, tout autant que les clés de compréhension, laissent les représentants du personnel sur leur faim. Les enjeux stratégiques véritables du projet Lean sont majoritairement tus, réduisant l'information aux aspects les plus techniques.

Et rappelons que la recherche de la participation des salariés dans des groupes de réflexion ne peut se substituer à l'ouverture de débats avec les représentants du personnel, notamment en respectant les procédures d'information et de consultation inscrites dans le Code du Travail.

Lean et ouverture du dialogue au sein de l'entreprise

Le monde du travail est parcouru par des réflexions de fond sur l'amélioration de la santé au travail et, plus largement, sur la gestion de la ressource humaine.

Ce sont les débats au niveau européen sur le Développement Durable et la Responsabilité Sociale (ou Sociétale) de l'Entreprise, sur l'évaluation des « employeurs remarquables » à l'aide du « baromètre du capital humain ».

Mais aussi le bien-être et l'efficacité au travail, à travers le rapport demandé en 2009 par le Premier Ministre à Muriel Pénicaud, Directrice générale des ressources humaines de Danone, Henri Lachmann, Président du conseil de surveillance de Schneider Electric, et Christian Larose, Vice-Président CGT du Conseil économique, social et environnemental.

François Fatoux[60] *déclare en Avril 2010 : « L'un des intérêts que nous voyons au développement de la RSE [Responsabilité Sociale de l'Entreprise] en France et en Europe est qu'elle permet de remettre à l'ordre du jour des sujets qui avaient été occultés par les entreprises : santé au travail, conséquences des restructurations sur la vie au travail, équilibre entre travail et vie personnelle, relations donneurs d'ordre / sous-traitants, importance du dialogue social, notamment dans le cadre transnational. »*

Mettre en place un véritable dialogue dans l'entreprise autour du Lean doit nécessairement s'accompagner de tous les moyens préventifs afin de limiter les risques d'altération de la santé et du capital humain.

---

[60] *François Fatoux, Délégué Général de l'ORSE (Observatoire sur la Responsabilité Sociétale des Entreprises), Lettre de Metis.*

Pour les partenaires sociaux, ouvrir un débat sur le Lean doit débuter par une clarification.

En premier lieu, sur les objectifs réels du projet : stratégiques, économiques, techniques, sociaux. Le déploiement d'un Lean sur la base d'un mensonge n'a bien évidemment aucun sens.

Ensuite sur le périmètre (nombre de chantiers et de salariés concernés, calendrier) et l'importance du projet (objectifs techniques et économiques visés).

Compte tenu de l'impact potentiel du Lean sur l'emploi, sur les organisations, sur les compétences, il est également fondamental d'aborder la question des moyens d'accompagnement envisagés, notamment sur les repositionnements éventuels de salariés, sur la formation, la gestion des compétences, l'assistance, les budgets envisagés...

Enfin, compte tenu des risques importants que fait porter le Lean sur les conditions de travail et la santé des salariés, un dispositif de prévention est nécessaire : bilan de santé de l'entreprise avant déploiement du Lean, analyse du projet sous l'angle de la santé au travail (risques psychosociaux, pénibilités physiques, TMS...), mise en place d'outils de veille.

Tous les acteurs de l'entreprise doivent être pris en compte dans le dispositif de dialogue et leur parole pouvoir être écoutée, étant entendu que la base même d'un dialogue constructif est de respecter les dispositions légales en la matière, à savoir l'information et la consultation des Instances Représentatives du Personnel et le droit à assistance de l'expert pour le CHSCT.

L'assistance de l'expert pour le CHSCT : un outil légal pour initier le débat sur le Lean

Le **Comité d'hygiène, de santé et des conditions de travail (CHSCT)** est une institution représentative du personnel issue de la Loi Auroux du 23/12/1982, fusionnant les Commissions d'hygiène et de sécurité (décret de 1947) et les Commissions d'amélioration des conditions de travail des Comités d'Établissement (loi du 27/12/1973).

Une triple mission est confiée au CHSCT (L 4612-1 du Code du Travail) :
1. Contribuer à la protection de la **santé physique et mentale** des salariés et de tous les personnels travaillant dans l'établissement, y compris les intérimaires et les sous-traitants.
2. Contribuer à **l'amélioration** des conditions de travail.
3. Veiller à **l'application des prescriptions légales** prises en la matière.

Le CHSCT dispose surtout d'un pouvoir de proposition et d'un pouvoir d'enquête et de contrôle. Il ne dispose pas de budget propre, mais l'employeur doit lui permettre de disposer des moyens nécessaires à son fonctionnement.

Le Code du Travail prévoit **deux situations ouvrant droit à expertise pour un CHSCT par un expert agréé (article L 4614-12 du Code du Travail)** :
- « Lorsqu'un **risque grave,** révélé ou non par un accident du travail, une maladie professionnelle ou à caractère professionnel, est constaté dans l'établissement. » La jurisprudence admet désormais

que la santé mentale des salariés entre dans le champ de compétence de l'expertise.
Exemples : exposition à l'amiante, graves et/ou fréquents accidents du travail, forte dégradation des conditions de travail suite à un changement survenu dans l'entreprise, harcèlement moral, suicides...

- « **En cas de projet important** modifiant les conditions d'hygiène et de sécurité ou les conditions de travail », c'est-à-dire dans le cas où la modification annoncée concerne un nombre significatif de salariés ou encore conduit, sur le plan qualitatif, à un changement déterminant pour une partie des salariés de l'entreprise.
Exemples : regroupement d'établissements, déménagement, travaux importants, réorganisation significative de services, restructuration de services, modification importante des méthodologies de travail...

Un projet Lean rentre donc clairement dans le cadre des projets importants… et peut également être à l'origine d'un risque grave selon la situation.

En cas de projet important :
- **Le CHCST doit être consulté** dès lors qu'une direction veut mettre en œuvre un projet d'aménagement important modifiant les conditions d'hygiène et de sécurité ou les conditions de travail. **Cette disposition est trop souvent inappliquée alors qu'elle donne de vrais moyens aux représentants du personnel.**
- **Dès lors que le projet est considéré comme important, le CHSCT peut avoir recours à une expertise.**

- **La désignation est double pour une expertise** : le CHSCT, en réunion d'information sur le projet (ordinaire ou extraordinaire), procède à un vote des membres présents **pour le principe d'une expertise (problématique, périmètre, objectifs de l'expertise)**, d'une part, et **le choix de son expert agréé**[61], d'autre part.

Dans le cadre d'un projet Lean, le recours à expertise au niveau du CHSCT peut permettre d'initier le débat :
- Par une clarification des objectifs économiques, techniques, sociaux.
- Par une analyse de la méthodologie de conduite du projet : organisation projet, dispositifs d'accompagnement prévus (information, formation, gestion des compétences…), moyens envisagés (budgets, renforts ponctuels…), calendriers des chantiers.
- Par un diagnostic objectif des situations : analyse de l'état de santé et des conditions de travail des salariés, établissement d'indicateurs d'alerte de troubles psychosociaux, prise en compte de la problématique des TMS.
- Par l'apport d'un retour d'expérience sur l'étude de la mise en place d'autres projets Lean et sur la prévention de la santé et des conditions de travail.
- Par la capacité particulière de l'expert à favoriser le dialogue social sur un sujet complexe.

---

[61] *Les experts auprès des CHSCT sont soumis à agrément du ministère du Travail et de l'Agriculture, après instruction technique des dossiers par les services de l'Agence nationale pour l'amélioration des conditions de travail (ANACT) et de l'Institut national de recherche et de sécurité (INRS).*

Dans le cadre d'une expertise pour l'assistance du CHSCT, l'approche de l'équipe d'experts (qui peut être constituée, selon le besoin, d'ingénieurs, d'ergonomes, de psychologues du travail, de préventeurs de la santé) est celle :

- D'une analyse de la documentation.
- D'entretiens avec l'ensemble des parties prenantes (représentants du personnel, direction, responsables hiérarchiques, salariés, Ressources Humaines, médecine du travail, préventeurs, responsable Hygiène et Sécurité, ergonome…).
- Et d'observations des situations de travail.

En définitive, l'expérience montre que la conduite d'une expertise CHSCT est une manière de rassembler tous les points de vue, de donner une vision globale sur le projet Lean et de mettre en débat la réalité des situations de travail, afin de favoriser la reprise du dialogue au sein de l'entreprise.

Conclusions et perspectives

Le Lean envahit nos entreprises avec une vitesse de déploiement en forte accélération ces dernières années.

Il est le mode managérial en vogue, plus que tout autre forme de projet de modification d'organisation. Soutenu par le politique en France et donc parfois financé par les contribuables.

Le discours véhiculé dans les médias reste globalement peu critique, avec un Lean qui peut même être présenté comme une opportunité à saisir pour « transformer notre vision des rapports sociaux »...

Côté dirigeants, le Lean est donc perçu comme une réponse adaptée et positive aux contraintes économiques auxquelles leur entreprise est soumise un peu plus chaque jour.

Nous constatons cependant que des voix commencent à s'élever pour interroger et dénoncer les risques sur la santé et les conditions de travail des salariés concernés par le Lean.

Des articles (dans la Voix du Nord), des livres (celui de Satoshi Kamata, « Toyota, l'usine du désespoir »), des blogs (celui de Bernard Sady) dénoncent des effets désastreux sur les hommes de certains exemples de Lean, y compris chez Toyota.

Les experts et théoriciens du Lean (James P. Womack et Daniel T. Jones dans leurs Lettres, Michael Ballé...) s'accordent à dire que les résultats obtenus dans les tentatives de mise en place du Lean dans les entreprises occidentales sont très souvent décevants, notamment dans l'acquisition d'une méthodologie constructive et pérenne.

Alors que se passe-t-il avec le Lean ?

En premier lieu, c'est le mode de déploiement du Lean qui met les entreprises en difficulté.

Le hiatus vient de la culture dominante dans les entreprises d'un management par objectifs, qui ne se satisferait que de résultats rapides et donc d'actions sur le court terme.

Les déboires de Toyota ces derniers mois s'expliqueraient par le fait que l'entreprise aurait développé ses capacités dans le monde si rapidement qu'elle aurait dépassé son potentiel à former suffisamment de bons managers Lean.

Avec cette culture d'atteinte de résultats rapides, les entreprises, aidées de leurs conseils, ont développé des méthodologies de déploiement du Lean qui se sont éloignées de la philosophie originelle de Toyota.

Un « détournement » de la méthodologie Lean s'est opéré par les promoteurs qui ne retiennent que la mise en place des outils permettant d'atteindre des économies immédiates. Et ont fini par oublier le contrat moral qui unissait l'entreprise japonaise et ses salariés : obéissance, abnégation certes, mais garantie de l'emploi à vie.

En outre, la méconnaissance et l'incompréhension du Lean dans sa réelle dimension de progressivité - construction dans la durée, pas à pas - et humaine - l'Homme comme véritable élément du changement - ont aveuglé les dirigeants sur les risques très importants auxquels ils soumettent leurs salariés.

Conséquence inéluctable : la mise en place du Lean en France perturbe fortement les organisations existantes et met en grande difficulté les hommes : nouvelles contraintes sur les conditions de travail remettant en cause les modes de régulation antérieurs, processus de changement lourd, bousculement du sens au travail, perte de repères.

Les travailleurs de l'Union Européenne interrogés sur l'impact des organisations dans lesquelles ils travaillent sur les conditions de travail et la santé, le disent : les organisations Lean sont encore plus pénibles que les organisations tayloriennes, de par leur niveau élevé de pénibilités physiques et de Troubles musculo-squelettiques (à peine plus faible que pour les organisations tayloriennes) et, surtout, de par leur impact sur le stress et les troubles psychologiques.

Le Lean, par ses excès, est porteur de risques intrinsèques pour la santé des salariés. Ce ne sont pas tant les outils eux-mêmes qui sont visés, mais la démarche de rationalisation extrême qui en a oublié la place des hommes au travail. Au final, c'est la conjonction des différentes contraintes qui fait mal : standardisation excessive du travail, autonomie procédurale réduite, intensification du travail, ambiguïté entre les objectifs annoncés et la réalité.

Les acteurs de la prévention de la santé sont préoccupés. Les Médecins du Travail, les infirmiers, les CHSCT s'informent et se forment sur la compréhension du Lean et ses conséquences sur la santé des salariés.

Les salariés sont inquiets pour leur santé, pour leur avenir et celui de leurs enfants. Ils veulent comprendre et être écoutés.

Plus largement, l'ensemble des représentants du personnel - membres du CHSCT, mais également élus aux Comités d'Entreprise ou d'Etablissement, représentants et délégués syndicaux - veut participer au débat sur le Lean au sein des entreprises.

Au nom des salariés qu'ils représentent, ils veulent comprendre le périmètre et l'importance du projet auquel ils sont confrontés et agir sur les risques potentiels sur l'emploi ainsi que sur les conditions de travail et de vie des hommes.

En France, l'organisation de débats entre partenaires sociaux sur la question du Lean reste majoritairement difficile.
Les raisons peuvent être multiples entre culture encore empreinte de taylorisme, déni de la direction de l'importance et des risques du projet Lean, difficulté pour les partenaires sociaux à appréhender des sujets complexes ou encore niveau de dialogue altéré.

Pourtant l'objectif reste pour les représentants du personnel de pouvoir peser sur les débats autour du Lean, en remettant les enjeux sociaux d'amélioration des conditions de travail et de la qualité de vie au travail au cœur des préoccupations de l'entreprise.

La mise en place d'une démarche concertée d'échange autour d'un projet Lean doit permettre une compréhension des enjeux réels, la mise en œuvre de moyens d'accompagnement adaptés pour la gestion de l'emploi et des compétences ainsi qu'une évaluation de la situation préexistante en termes de conditions de travail et de santé et ce, en vue d'une prévention effective vis-à-vis d'une aggravation potentielle.

Par démarche concertée, nous entendons une juste représentativité des différents acteurs de l'entreprise :

direction, encadrement, salariés, préventeurs, médecin du travail, représentants du personnel...

Puisqu'il s'agit de faire progresser de façon durable l'entreprise, chacun doit pouvoir faire part de ses enjeux et de ses craintes.

La direction, qui porte la responsabilité de maintenir la compétitivité de façon durable dans son entreprise, en la rendant certes plus efficiente, mais en préservant le capital humain des hommes qui la composent.

L'encadrement, qui doit mobiliser vers l'atteinte des objectifs retenus, tout en restant à l'écoute des attentes et des difficultés des hommes qui composent les organisations.

Les salariés, qui veulent préserver leurs conditions de vie et garantir leur avenir, mais aussi celui de leurs collègues et de leurs enfants.

Les préventeurs (médecins, infirmiers, responsables hygiène et santé, ergonomes, membres du CHSCT), qui se préoccupent de la santé et des conditions de travail de tous les salariés.

Les Instances Représentatives du Personnel, les délégués syndicaux, qui représentent les salariés dans le dialogue institutionnel et qui ont des droits accordés par le Code du Travail : information / consultation et droit à assistance d'un expert pour le CHSCT.

Le débat dépasse le Lean et il est essentiel que l'entreprise sorte de certaines logiques récentes vers lesquelles elle s'oriente : court-termisme, obsession des chiffres, destruction d'emploi, insuffisance du débat.

Une mise en débat réelle doit s'engager avec les salariés, leurs représentants, les préventeurs de la santé, la hiérarchie, les responsables des ressources humaines, la direction, bref, tous les acteurs concernés par la préservation et le développement durable du capital humain de l'entreprise…

… dans le but de faire tomber les murs qui empêchent l'accès à l'intelligence des salariés de l'entreprise et d'écouter ce qu'ils ont réellement à dire pour que le travail soit bien fait.

Annexe
Liste (non exhaustive) de définitions relatives au Lean

ANDON

Signal ou tableau lumineux qui s'allume sur action d'un Poka Yoke ou lorsque l'opérateur appuie sur un bouton d'alerte ou tire sur un fil d'alarme.

5S

« Cinq S » est l'abréviation de cinq termes japonais commençant par un S utilisés pour créer un bon environnement de travail, rangé, ordonné et maintenu comme tel.

Seiri signifie « trier et éliminer », Seiton veut dire ranger le poste de travail (un emplacement dédié pour chaque chose), Seiso concerne le nettoyage des éléments du poste avec une vision entretien et maintenance, Seiketsu traite du nettoyage quotidien qu'il faut faire pour maintenir le poste en bon état et Shitsuke désigne la rigueur nécessaire pour maintenir les quatre S précédents jour après jour.

Le 5S est une excellente entrée en matière pour l'organisation du poste de travail qui débouche, d'une part, sur les « standards de travail » et sur les équipes autonomes, de l'autre.

5 POURQUOI ?

La méthode de base de résolution de problèmes du Lean. Taiichi Ohno insiste souvent sur la nécessité de se poser cinq fois la question « pourquoi ? » pour aller au-delà des causes symptomatiques et trouver les causes fondamentales (sur lesquelles on pourra alors agir pour éliminer le problème une fois pour toutes).

DIAGRAMME D'ISHIKAWA ou DIAGRAMME EN ARETES DE POISSON

Il s'agit d'un diagramme de recherche des causes conduisant à un effet. Il est représenté en s'inspirant d'un squelette de poisson, et on trace une flèche horizontale dirigée de la gauche vers la droite : c'est « l'arête centrale ». À l'extrémité droite de cette arête, on représente dans un carré « l'effet ». C'est le problème à traiter, celui pour lequel on recherche les « causes possibles ». Cinq droites obliques ou « arêtes secondaires » sont ensuite greffées à l'arête centrale. Elles représentent les 5M, cinq familles de causes possibles d'après Ishikawa. A chacune des arêtes secondaires (famille de cause), on associe les causes possibles à l'aide de petites flèches horizontales.

Kaoru Ishikawa classe les différentes causes d'un problème en 5 grandes familles : les 5M.

- *Matière* : les différents consommables utilisés, matières premières...
- *Milieu* : le lieu de travail, son aspect, son organisation physique...
- *Méthodes* : les procédures, le flux d'information...
- *Matériel* : les équipements, machines, outillages, pièces de rechange...
- *Main-d'œuvre* : les ressources humaines, les qualifications du personnel.

FLUX POUSSES

Lorsqu'une étape de la production d'un produit est terminée, le produit est « poussé » vers l'étape suivante. C'est la disponibilité du produit venant de l'amont qui déclenche l'étape suivante de fabrication. Cette méthode de production implique le stockage des produits finis avant leur commercialisation. Par exemple, l'industrie sucrière n'est pas maîtresse des périodes de récolte des betteraves. Il faut donc les transformer au fur et à mesure de leur disponibilité et stocker le sucre, sans se préoccuper des ventes.

FLUX TIRES

Le déclenchement d'une étape de fabrication d'un produit ne peut se faire que s'il y a une demande par l'étape suivante.

La méthode Kanban : méthode de gestion des réapprovisionnements des épiceries, dont l'application à la production industrielle, notoirement d'origine japonaise, consiste à créer un circuit d'étiquettes (Kanban), les unes accompagnant les conteneurs des produits gérés, les autres s'accumulant sur un tableau jusqu'au déclenchement du réapprovisionnement. Avec la méthode Kanban, c'est l'aval (le client) qui commande l'amont (le fournisseur).

FLUX TENDUS

Le travail en flux tendu est équivalent au travail avec le minimum de stocks et d'en-cours. Souvent employée dans le cas de flux tirés, l'expression est synonyme de « mise en ligne » et peut tout aussi bien s'appliquer aux flux poussés qu'aux flux tirés.

GEMBA (prononcer « Guèmba »)

Terme japonais pour désigner « l'endroit où se déroule l'action », souvent utilisé en parlant de l'espace de production ou de n'importe quel endroit où un procédé créant de la valeur est exécuté.

Ce terme est utilisé pour renforcer l'idée que de réelles améliorations ne peuvent être réalisées que si elles s'appuient sur l'observation directe des tâches là où elles sont exécutées. Par exemple, les standards de travail ne peuvent être écrits par un bureau d'ingénieur, mais doivent être définis et maintenus à jour dans le Gemba.

JIDOKA (ou autonomation ou « automatisation à visage humain »)

Le Jidoka est, avec le Juste A Temps, l'un des deux piliers du TPS (Toyota Production System), illustré dans « la maison Toyota ».

Construire la qualité dans les produits et services plutôt que d'éliminer les rebuts. Il s'agit d'un ensemble de systèmes de détection des non-conformités qui permet d'arrêter la production, soit manuellement, soit automatiquement pour ne pas produire des pièces mauvaises (muda). Le Jidoka permet aussi de concentrer immédiatement les efforts sur les points à problèmes et de régler les difficultés au fil de l'eau, tout en responsabilisant les opérateurs et leur encadrement.

JUSTE A TEMPS (JAT) ou JUST IN TIME (JIT)

Système de production qui fabrique et livre juste ce qui est requis, juste quand c'est requis et juste à la quantité requise. JAT et Jidoka sont les deux piliers du Système de Production Toyota (TPS).

Les 3 outils fondamentaux du juste-à-temps sont le système à flux tiré, le temps TAKT, et le flux continu en pièce à pièce.

KAIZEN (prononcer « kèzèn »)

Méthode d'amélioration continue de la production. L'objectif du Kaizen est de faire baisser les coûts de revient (en éliminant les activités n'offrant pas de valeur ajoutée), en améliorant continuellement les procédés de production (réduction des temps opératoires, des gestes inutiles, des temps de circulation des produits, etc.). Les caractéristiques principales du Kaizen consistent à rationaliser le process de travail, les affectations de personnels, les espaces, etc. Le Kaizen englobe généralement les méthodes : 5S, SMED, Kanban, TPM.

KANBAN

Dispositif visuel de signalement qui donne l'autorisation et les instructions de procéder à la fabrication ou au prélèvement d'un article dans un système à flux tiré. Le terme « Kanban » correspond à des cartes, ou fiches, qui sont un signal permettant de ne produire que les pièces qui viennent d'être consommées et dans l'ordre de leur consommation. Il y a plusieurs types de Kanban, dont essentiellement : (1) les instructions de production (triangles ou cartes), (2) les instructions de prélèvement (prélèvement ou kanban fournisseur).

LEAD TIME

Temps d'écoulement ou temps de défilement, le Lead Time est un concept fondamental du Lean et correspond au temps nécessaire pour produire un produit depuis l'acceptation de la commande à l'expédition. Le Lead Time se décompose en A + B + C : A : de la réception de la commande au début du travail. B : du début du travail sur les matières et composants à la fin du produit (temps de production + temps de non production). C : de la production de la première pièce du conteneur à la dernière (Takt Time du produit x nombres de pièces dans un container).

MANAGEMENT VISUEL

Mise en place de moyens physiques dans l'atelier (shop stock, Kanban, Andon, etc.) pour s'assurer au premier coup d'œil que les opérations de production se déroulent normalement ou pour repérer rapidement les anomalies.

MUDA (gaspillages), MURA et MURI

Les gaspillages : toute activité qui consomme des ressources sans ajouter de valeur pour le client. Toyota parle aussi de « mura » (irrégularité) et de « muri » (difficulté).

PDCA (Plan, Do, Check, Act ou Planifier, Développer, Contrôler, Assurer)

Cette méthode cherche à cadrer les changements en les incluant dans une démarche spécifique. Le but est que le travail préalable à la standardisation des changements soit le plus efficace possible. Elle s'articule en 4 étapes :

1. Planifier. Déterminer les buts à atteindre pour un procédé et les changements requis pour les réaliser.
2. Développer. Mettre en place les changements.
3. Contrôler. Evaluer les résultats en termes de performance.
4. Assurer. Standardiser et stabiliser le changement ou recommencer le cycle suivant le résultat.

Cette méthode est parfois appelée « cycle de Shewhart » (Walter Shewhart en discute le concept dans son livre Statistical Method from the viewpoint of Quality Control – 1939), ou encore « roue de Deming », après que W. Edward Deming en a introduit le concept au Japon dans les années 50.

Le cycle PDCA

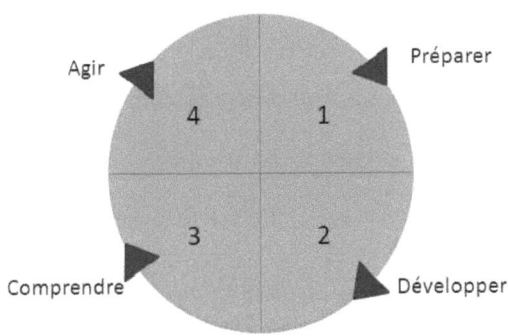

POKA -YOKE ou détrompeurs

Petits systèmes pratiques qui permettent d'identifier immédiatement que l'on fait de la non-qualité ou que l'on ne suit pas le standard de travail. Ils bloquent les opérations suivantes ou allument un voyant (Andon) qui indique un problème. De préférence, les Poka-Yoke sont conçus et réalisés par les opérateurs eux-mêmes.

PROGRAMME DE PRODUCTION

Le programme de production est lissé sur une semaine de façon à ce que chaque jour de production soit similaire au jour précédent. En partant des commandes fermes et/ou prévisionnelles sur la semaine, il est possible d'établir un Takt time par pièce et donc un nombre de pièces à produire tous les jours. Le programme de production peut ensuite être lissé en mixt à l'intérieur des journées, pour qu'il soit équilibré entre équipes de production. L'objectif est d'abord de produire toutes les pièces tous les jours, puis toutes les pièces toutes les équipes.

Les SEPT MUDA ou GASPILLAGES FONDAMENTAUX

Les sept gaspillages fondamentaux sont les suivants :
1. Productions excessives : produire trop, ou trop tôt.
2. Attentes : attendre des pièces, des informations ou une machine qui finit son cycle, etc.
3. Transports et manutentions inutiles : tout transport est essentiellement un gaspillage et doit être minimisé.
4. Tâches inutiles : toute action à valeur ajoutée qui ne se fait pas simplement ou du premier coup.
5. Stocks : plus de matières et composants que le minimum qu'il faut pour réaliser le travail.
6. Mouvements inutiles : tout mouvement qui ne contribue pas directement à l'ajout de valeur.
7. Corrections : toute réparation est un gaspillage.

SMED (Single Minute Exchange of Die, soit échange d'outil en moins de 10 minutes)

Le SMED est la méthode mise au point par Shigeo Shingo avec Toyota pour réduire les temps de changements d'outil. Le temps de changement se mesure de dernière pièce bonne à première pièce bonne. Les trois étapes essentielles de la méthode sont : (1) distinguer les opérations internes (la machine à l'arrêt) des opérations externes (la machine en fonctionnement) ; (2) transformer le maximum d'opérations internes en opérations externes par de la préparation. Par exemple, on peut amener le nouvel outil à proximité de la machine en préparation pendant que celle-ci opère encore, plutôt que d'aller le chercher une fois la machine arrêtée ; (3) rationaliser toutes les opérations (en particulier les opérations de réglage, une fois le nouvel outil monté). La méthode SMED est redoutablement efficace pour réduire les temps de changements, sans investissement au début (par de l'organisation), puis en modifiant progressivement les installations. Il est d'usage de se donner des objectifs de réduction par paliers de 50%.

STANDARD DE TRAVAIL

Les standards de travail ou « standardised work » sont les séquences d'opérations à réaliser dans l'ordre pour effectuer une tâche sans muda dans un temps donné (Takt time). Le standard de travail est la clé du Kaizen. Si on ne parvient pas à réaliser une opération dans le Takt, alors on s'interroge sur les divergences de la pratique par rapport au standard et on élimine toutes les causes de divergence. Une fois toutes les causes de variabilité éradiquées, on se rend souvent compte qu'on va parfois plus vite que le Takt - c'est alors le standard qui est à améliorer. Un standard de travail consiste en trois éléments: Takt time, séquence de travail et stock standard dans le processus.

TAKT TIME

Le Takt time est le reflet d'une consommation idéale par les clients. C'est l'outil principal du lissage des commandes client en production. À partir du plan de production mensuel, on fixe un « tempo » de production qui correspond au temps de production journalier (avec les équipements à 100% pendant les heures de travail normal, c'est-à-dire la journée, moins les pauses) que l'on divise par la demande client : temps d'ouverture / demande client. Le Takt time permet d'établir des programmes de production lissés sur une ou deux semaines.

TPM (Total Productive Maintenance) ou Maintenance productive totale

Ensemble de techniques, introduit chez Toyota par le sous-traitant automobile Denso, permettant d'assurer que chaque machine est toujours en état d'accomplir la tâche pour laquelle elle est destinée. Le mot « totale » prend ici trois significations : la participation totale de tous les employés (et pas uniquement le personnel de maintenance), une productivité totale des équipements en se concentrant sur les six causes majeures qui affectent les équipements (pannes, temps de changements de série, micro arrêts, ralentissements, rebuts et retouches) et enfin la durée de vie totale des équipements.

TOYOTA PRODUCTION SYSTEM (TPS) ou Système de Production TOYOTA

Système de production développé par Toyota Motor Corporation afin de produire à la meilleure qualité, aux coûts les plus bas, et avec les délais de production les plus courts par l'élimination des gaspillages.

Le TPS repose sur deux piliers, Juste A Temps et Jidoka, souvent illustrés par « la maison Toyota ». Le TPS est maintenu et sans cesse amélioré par des révisions du travail standardisé (voir STANDARD DE TRAVAIL) et par les Kaizen, par des cycles PDCA qui se succèdent ou par d'autres méthodes scientifiques.

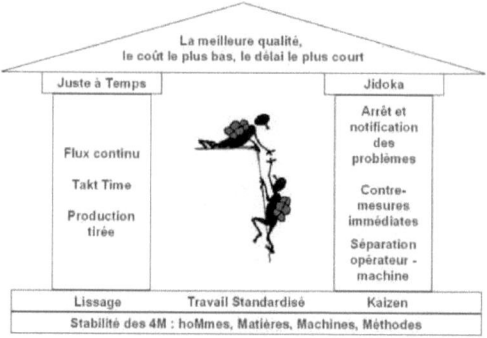

Maison Toyota imaginée par Fujio Cho en 1973, source : www.lysippe.com

Value Stream Mapping (VSM) ou Cartographie de la Chaîne de Valeur ou MIFA (Material and Information Flow Analysis)

La VSM est une analyse des flux de matières et d'informations. L'outil de cartographie de Toyota permet d'ajouter les flux d'information aux cartographies classiques de déplacement des pièces et ainsi raisonner sur la constitution des stocks au-delà des questions de goulet d'étranglement.

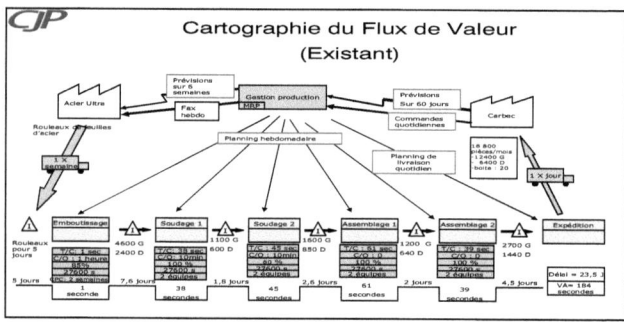

Exemple de chaîne de la valeur ajoutée. Source : CJP Conseils, permettant de se faire une idée globale de ce type de représentation graphique, avec une simplification visuelle évidente.

Bibliographie (non exhaustive)

Le **Lean Lexicon** (en anglais) ou **Lexique Lean** (en français), Lean Enterprise Institute.

Art Smalley, *Creating Level Pull*, Lean Enterprise Institute.

Freddy & Michael Ballé, *The Gold Mine, a Novel of Lean Turnaround*, Lean Enterprise Institute.

John Bicheno & Matthias Holweg, *The Lean Toolbox*, PICSIE Books.

Matthieu Bunel, Université de technologie Belfort-Montbéliard et Centre d'études de l'emploi, **Jean-Louis Dayan**, Centre d'Analyse Stratégique (CAS), **Guillaume Desage**, Centre d'études et de recherches administratives, politiques et sociales (CERAPS), **Corinne Perraudin**, Centre d'études de l'emploi, et Matisse Ces, Université Paris 1, **Antoine Valeyre**, Equipe de recherche sur les inégalités sociales ERIS-Centre Maurice Halbwachs (CMH) et Centre d'études de l'emploi, *Formes d'organisation du travail et relations de travail*, Rapport de Recherche de Décembre 2008, www. cee-recherche.fr.

Yves Clot, « le travail à cœur. Pour en finir avec les risques psychosociaux » La découverte 2010.

Yves Clot : « Les caprices du flux. Les mutations technologiques du point de vue de ceux qui les vivent » Ed Matrice 2003.

François Daniellou, *Développement des TMS : désordre dans les organisations et fictions managériales*, Département d'ergonomie IDC, Université Victor Segalen Bordeaux 2.

William E. Deming, *Out of the crisis*, MIT, 1987.

Pascal Dennis, Andy & Me – Crisis and Transformation on the Lean Journey, Productivity Press.

Pascal Dennis, *Getting the Right Things Done* (*Déployer vos stratégies lean* pour la version française), Lean Enterprise Institute.

Pascal Dennis, *Lean Production Simplified*, Lean Enterprise Institute.

Kevin J. Duggan, *Creating Mixed Model Value Stream*, Productivity Press.

Rick Harris, Chris Harris & Earl Wilson, *Making Materials Flow*, Lean Enterprise Institute.

Dan Jones & James Womack, *Seeing the Whole: Mapping the Extended Value Stream*, Lean Enterprise Institute.

Satoshi Kamata, *Toyota, l'usine du désespoir*, Demopolis, 2008.

Nicolas Lot, Antoine Moreau, Florence Magnin & Claude Valot « Intégration des risques : limites du Lean management et apport d'une démarche ORM », communication au 46e Congrès international - Société d'Ergonomie de Langue Française.

Mike Rother & John Shook, *Learning to See,* Lean Enterprise Institute.

Mike Rother & Rick Harris, *Creating Continuous Flow,* Lean Enterprise Institute.

Ohno Taiichi, *Toyota Production System : Beyond Large-Scale Production*, Productivity Press.

Antoine Valeyre, *Conditions de travail et santé au travail des salariés de l'Union européenne : des données contrastées selon les formes d'organisation*, 2006.

Antoine Valeyre & Edward Lorenz, *Les nouvelles formes d'organisation du travail en Europe en mars 2005.*

James Womack, Daniel Jones & Daniel Roos, *The Machine That Changed the World – The story of Lean Production*, Free Press.

James Womack & Daniel Jones, *Lean Thinking*, Pearson. Version française chez le même éditeur : Système Lean : Penser l'entreprise au plus juste.

Notes

[a] James P. Womack (1941) : Docteur en Génétique, diplômé d'un Doctorat en Sciences Politiques du Massachusetts Institute of Technology (MIT) en 1982, fondateur et président du Lean Enterprise Institute (août 1987), organisme non lucratif pour l'étude et la promotion du Lean. Auteur de nombreux livres, notamment *The Machine That Changed the World* (Macmillan/Rawson Associates, 1990) - traduction française *Le système qui va changer le monde* (Dunod, 368 pages) et *Lean Thinking* (Simon & Schuster, 1996) - traduction française *Penser l'entreprise au plus juste* (2e édition 2009 chez Pearson).

[b] Daniel T. Jones : Ancien professeur de Manufacturing Management de l'Université de Cardiff et directeur européen des programmes sur l'avenir de l'automobile pour le MIT Future, il est le président et fondateur de la Lean Enterprise Academy, organisme non lucratif de formation et de recherche situé au Royaume-Uni. L'Academy partage la mission du Lean Enterprise Institute aux Etats-Unis et diffuse le corpus de savoir du système lean sous diverses formes. Daniel T. Jones est co-auteur avec James P. Womack des livres *The Machine That Changed the World* et *Lean Thinking*.

[c] Six Sigma ou 6 Sigma est une marque déposée de Motorola désignant une méthode structurée de management visant à une amélioration de la qualité et de l'efficacité des processus.
La méthode Six Sigma se base sur une démarche fondée à la fois sur la voix du client (enquêtes, etc.) et sur des données mesurables (par indicateurs) et fiables. Cette méthode est utilisée dans des démarches de réduction de la variabilité dans les processus de production et au niveau des produits et vise ainsi à améliorer la qualité globale du produit et des services.
Mikael Harry, ingénieur chez Motorola, définit les bases de Six Sigma en s'appuyant sur la philosophie de William Edwards Deming (roue de la

qualité). Il propose d'analyser les instabilités du processus de fabrication à l'aide des outils statistiques et donne la priorité à l'amélioration continue.

[d] Michael Ballé : Auteur et consultant, il est le directeur de ESG Consultants. Il est co-fondateur du Projet Lean Entreprise (www.lean.enst.fr). Michael Ballé est chercheur associé de cette initiative, conduite en collaboration avec Telecom Paris. Depuis plus de 10 ans, il s'est spécialisé sur les implications humaines de l'implantation du Lean, dans des secteurs aussi divers que la production industrielle, le domaine de la santé ou les processus administratifs. En tant que sociologue, il a enseigné la théorie des organisations dans plusieurs écoles de commerce. Il est le co-auteur du livre *The Gold Mine : a novel of Lean turnaround*, qui a reçu le Shingo Prize for excellence in manufacturing research.

[e] Henry Ford (30 juillet 1863 à Dearborn, Michigan, États-Unis - 7 avril 1947, Dearborn) est le fondateur de la Ford Motor Company. Sa conception et l'industrialisation (inspirée des concepts de Taylor) de l'automobile Modèle T révolutionnent le transport et l'industrie américaine. En tant que propriétaire de la Ford Company, il devient une des personnes les plus riches et les plus connues au monde dans la première moitié du XXème siècle. Son nom est attaché au fordisme (à distinguer cependant du taylorisme, courant proche, mais non assimilable), à la fois mode de production en série basé sur la ligne d'assemblage et modèle économique basé sur des salaires élevés. Inventeur prolifique, il a déposé au total 161 brevets américains.

[f] Sakichi Toyoda (14 février 1867 – 30 octobre 1930) : Fils de charpentier, il est considéré comme le « roi des inventeurs japonais ». Inventeur de nombreuses améliorations dans le tissage, dont le premier dispositif automatique appliqué au métier à tisser (qui permettait l'arrêt du métier lorsque le fil cassait). Créateur du principe de Jidoka (Autonomation ou automatisation à visage humain), qui permet l'arrêt automatique de la

machine en cas de défaut constaté. Le Jidoka sera intégré au Toyota Production System.

[g] Kiichiro Toyoda (11 juin 1894 - 27 mars 1952), fils de Sakichi : après des débuts dans l'industrie du tissage, il crée en 1937 le Toyota Motor Corporation. Créateur en 1937 du principe du Just-In-Time (JIT) ou Juste-A-Temps, il le systématise avec son neveu Eiji Toyoda.

[h] Eiji Toyoda (12 septembre 1913) : neveu du fondateur de Toyota, Sakichi Toyoda et cousin de Kiichiro, il a contribué à systématiser les méthodologies du système Toyota jusqu'en 1994, date à laquelle il quitte la présidence du Groupe, à l'âge de 81 ans. Avec Taiichi Ohno, il met en place le Toyota Production System.

[i] Taiichi Ohno (29 février 1912 - 28 mai 1990) : né en Chine, et diplômé des Hautes Etudes Techniques de l'université de Nagoya (Japon), il débute dans le tissage chez Toyota, évolue vers la branche moteurs en 1943 et gravit progressivement les échelons pour devenir cadre. Considéré comme le maître à penser du Toyota Production System, il permet l'élargissement du Juste-A-Temps aux processus d'achat, ventes, marketing, services clients, et il théorise le Kanban. Probablement sanctionné pour avoir communiqué en dehors de l'entreprise, il est écarté des plus hautes fonctions auxquelles il aurait pu prétendre et finit sa carrière comme consultant auprès des fournisseurs. Il publie deux livres référence en 1978, traduits tardivement en anglais (1988) : *Toyota Production System: Beyond Large-Scale Production* (traduction française : *L'esprit Toyota*, Masson, 1989) et *Workplace Management*, chez Productivity Press.

[j] William Edwards Deming (14 octobre 1900 - 20 décembre 1993) était un statisticien, professeur, auteur, conférencier et consultant américain. Il s'intéresse très tôt à l'atteinte de la performance en intégrant la qualité dès

la conception et la fabrication du produit, à travers un management totalement rénové favorisant le dialogue et l'accomplissement des buts communs.

Il a travaillé sur l'amélioration de la production aux États-Unis durant la Seconde Guerre mondiale, mais malgré des résultats tangibles, sa vision du management ne convainc pas les ingénieurs et cadres de l'industrie encore très marqués par le Taylorisme. En 1947, Deming est envoyé à Tokyo comme conseiller de l'État-Major des forces alliées pour appliquer ses techniques d'échantillonnage. A partir de 1947, il enseigne aux dirigeants d'entreprise nippons comment améliorer la conception (donc l'entretien), la qualité, les tests et la vente des produits par diverses méthodes, dont l'application de méthodes statistiques.

Il faudra attendre un reportage télévisé américain de 1980 intitulé « *Si le Japon peut pourquoi pas nous ?* », pour que le patronat américain découvre les travaux et l'influence de Deming sur la performance de l'industrie nippone de l'époque.

Très rapidement sollicité par de nombreux PDG américains, Deming, de retour dans son pays, a commencé à donner des séminaires publics de quatre jours au cours desquels il expliquait ses idées devant plusieurs centaines de participants. De 1981 à 1993, il a dirigé 250 séminaires. On a calculé que le nombre de participants s'élève au chiffre impressionnant de 120 000. Il a donné également de nombreuses conférences dans des entreprises américaines qui ont adopté sa philosophie.

En 1983, Deming a rassemblé les supports de ses séminaires pour faire un livre, publié par le MIT sous le titre *Quality, Productivity and Competitive Position*. En 1987, ce livre a été réédité et publié à nouveau par le MIT sous le titre *Out of the Crisis*. Trois éditions en français ont été réalisées en 1988, 1991, puis 2002.

[k] Frederick Winslow Taylor (20 mars 1856 - 21 mars 1915) était un ingénieur américain qui a mis en application l'Organisation Scientifique du Travail (OST), base de la révolution industrielle du XXème siècle. La principale originalité de sa démarche réside dans la division verticale du travail, c'est-à-dire la stricte séparation entre la conception des tâches par les ingénieurs et leur exécution par les ouvriers. Avant Taylor, les ouvriers concevaient eux-mêmes leurs méthodes de travail, ce qui se traduisait par une productivité souvent perfectible. Avec l'application du taylorisme et les gains de productivité qu'il a permis, les ouvriers ont vu leur rémunération fortement augmenter, tandis que les prix des produits industriels baissaient dans le même temps, ce qui a permis à un plus grand nombre de clients de les acquérir. L'industriel Henry Ford mettra très tôt en pratique les théories de Taylor sur ses lignes de montage d'automobiles de Detroit.

[l] « *Si le Japon peut… pourquoi pas nous ?* » (titre original : *If Japan can... Why can't we ?*) est le titre d'un reportage télévisé sur la chaîne américaine NBC en 1980, qui, en s'interrogeant sur les raisons de la performance de l'industrie et de la recherche nippones de l'époque, révélera au grand public et aux patrons américains les travaux et l'influence de W. Edwards Deming (productrice : Clare Crawford-Mason, reporter : Lloyd Dobyns).

L'HARMATTAN, ITALIA
Via Degli Artisti 15; 10124 Torino

L'HARMATTAN HONGRIE
Könyvesbolt ; Kossuth L. u. 14-16
1053 Budapest

L'HARMATTAN BURKINA FASO
Rue 15.167 Route du Pô Patte d'oie
12 BP 226 Ouagadougou 12
(00226) 76 59 79 86

ESPACE L'HARMATTAN KINSHASA
Faculté des Sciences sociales,
politiques et administratives
BP243, KIN XI
Université de Kinshasa

L'HARMATTAN CONGO
67, av. E. P. Lumumba
Bât. – Congo Pharmacie (Bib. Nat.)
BP2874 Brazzaville
harmattan.congo@yahoo.fr

L'HARMATTAN GUINÉE
Almamya Rue KA 028, en face du restaurant Le Cèdre
OKB agency BP 3470 Conakry
(00224) 60 20 85 08
harmattanguinee@yahoo.fr

L'HARMATTAN CÔTE D'IVOIRE
M. Etien N'dah Ahmon
Résidence Karl / cité des arts
Abidjan-Cocody 03 BP 1588 Abidjan 03
(00225) 05 77 87 31

L'HARMATTAN MAURITANIE
Espace El Kettab du livre francophone
N° 472 avenue du Palais des Congrès
BP 316 Nouakchott
(00222) 63 25 980

L'HARMATTAN CAMEROUN
BP 11486
Face à la SNI, immeuble Don Bosco
Yaoundé
(00237) 99 76 61 66
harmattancam@yahoo.fr

L'HARMATTAN SÉNÉGAL
« Villa Rose », rue de Diourbel X G, Point E
BP 45034 Dakar FANN
(00221) 33 825 98 58 / 77 242 25 08
senharmattan@gmail.com

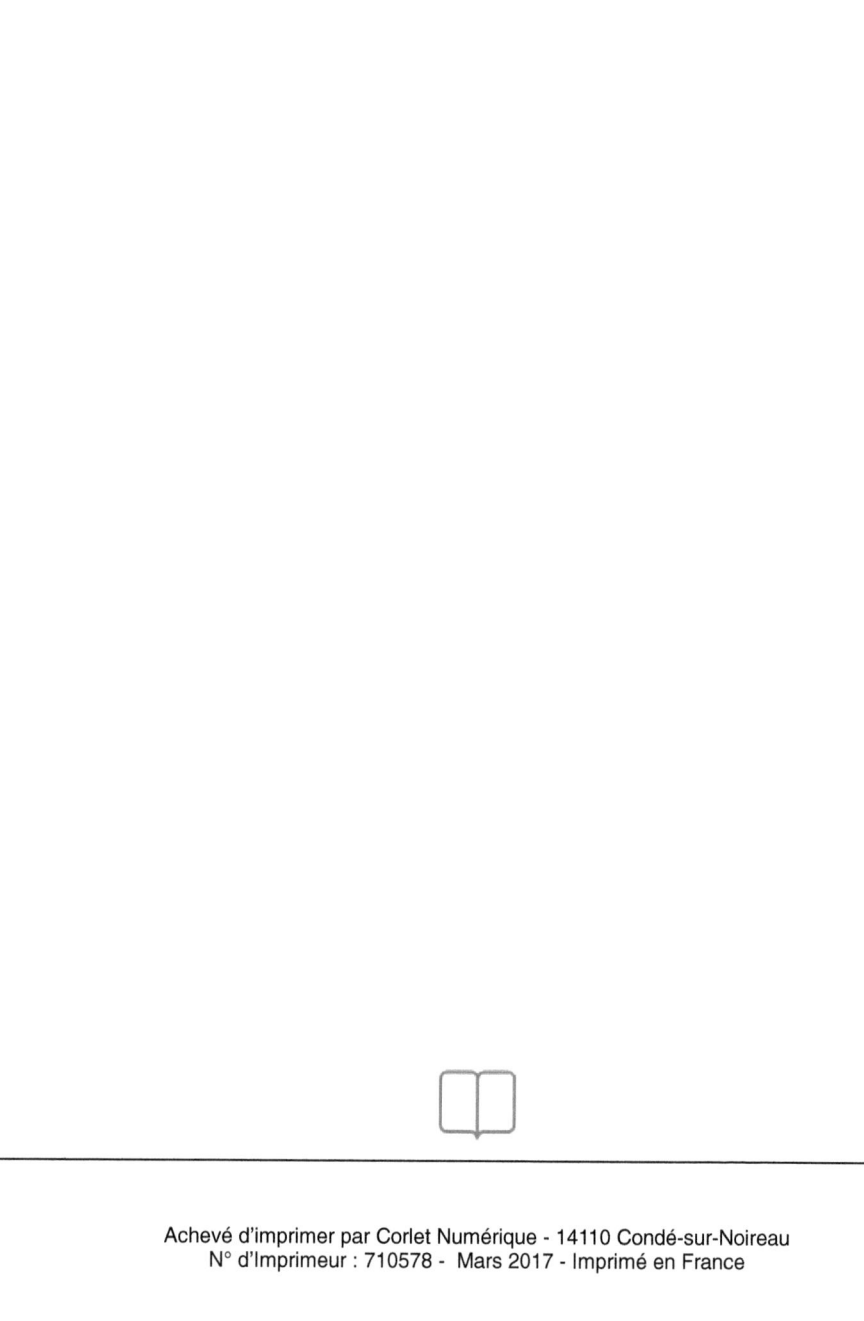

Achevé d'imprimer par Corlet Numérique - 14110 Condé-sur-Noireau
N° d'Imprimeur : 710578 - Mars 2017 - Imprimé en France